AF146070

Bitte wenden!

Bitte wenden!

Silke Briedl

Bibliografische Information der Deutschen Nationalbibliothek:
Die Deutsche Nationalbibliothek verzeichnet diese Publikation in
der Deutschen Nationalbibliografie; detaillierte bibliografische
Daten sind im Internet über www.dnb.de abrufbar.

Herstellung und Verlag:
BoD – Books on Demand, Norderstedt

ISBN: 978-3-734793-43-1

Inhalt

Gratulation!

Sie haben es geschafft!

Sie haben zwar noch nicht das Buch ausgelesen, aber immerhin halten Sie es in Ihren Händen und haben somit schon mal den ersten Schritt dazu getan!

Die Entscheidung das Buch zu kaufen oder – sollte es sich um ein Geschenk für Sie handeln – es anzunehmen, war goldrichtig!

Nun müssen Sie es sich nur mehr gemütlich machen, entspannen und zu lesen beginnen! – Wie? Sie haben nicht wirklich Zeit für ein Buch? Sie haben sogar *nie* Zeit? Dann lesen Sie einfach einzelne Geschichten nach Bedarf, Lust und Laune. Die kurzen Erzählungen eignen sich hervorragend als Instant-Gute-Laune-Macher mit Abschalt- und Entspannungsautomatik! Schneller als bei einem Halbmarathon, weniger schweißtreibend als beim Kampfshoppen vor und nach Feiertagen, billiger als Alternativen zu Alternativmedizin bringen Sie die einzelnen Geschichten zum Lächeln und zu der Erkenntnis:

Meine Welt ist in Ordnung!

Reich und schön

In der heutigen Zeit streben wir alle danach möglichst reich und möglichst schön zu sein. Mir ist leider bisher weder das eine noch das andere gelungen, darum versuche ich es hartnäckig mit ehrlicher Arbeit und kaltem Kaffee. Irgendwann geht meine Rechnung auf. Irgendwann wird das Schicksal auf mich aufmerksam, dann gibt es einen Knall und eine Rauchwolke und ich stehe da, behangen mit Gold und Silber in der Optik eines Supermodels!

Oder auch nicht. Selbst das Schicksal kann sich mal irren und dann bin ich nicht berühmt und geliebt, sondern zickig und hässlich. Das wäre nicht schön, sondern viel mehr schön blöd!

Aus Angst vor so einer fatalen Verwechslung mache ich das Schicksal auch nicht auf mich aufmerksam. Ich halte mich lieber im Hintergrund. Selbst wenn das Schicksal mich mit Sendungen wie „Die große Chance" oder „DSDS" sucht. Nein, darauf falle ich nicht herein!

Selbstverständlich kann ich singen; aber ich behalte mir diese Gabe für ungestörte Momente wie zum Beispiel einsame Autofahrten vor! So kann ich selbst durch meinen geschlossenen PKW meine unmittelbare Umgebung erreichen und bewegen!

An Kreuzungen ziehe ich zuerst die Blicke der nebenstehenden Autofahrer auf mich, damit sie bei Grün sofort und sichtlich motivierter diesen Ort wieder verlassen, wenn ich lauthals singe. Der Effekt verstärkt sich, wenn ich bei offenen Fenstern durch einsame Wälder kutschiere und dabei gemeinsam mit Eros Ramazzotti italienische Schnulzen schmettere!

Nicht nur Menschen, die sich im näheren Umkreis aufhalten, verlassen fluchtartig das Gelände; praktisch alles was kreucht und fleucht prescht aus meiner Hörweite. Ich habe kein Problem mit Wildschäden am Auto!

Es tut einfach gut, wenn man mit seinem Umfeld kommuniziert, nicht nur ständig nimmt, sondern anderen auch was gibt! Und sei es das Gefühl, es plötzlich eilig zu haben!

Sie verstehen das bestimmt: Darum habe ich auch keine Zeit reich und berühmt zu werden.

Gefühlsecht

Authentisch, sprich „gefühlsecht" aufzutreten, beweist wahre Größe eines Menschen. Andererseits gibt es Situationen, da darf man sein Gegenüber einfach nicht würgen, selbst wenn man später von jedem Gericht auf der Welt Zustimmung zu dieser Tat erhalten würde.

Trotzdem kann ich mich nicht mit dem Gedanken anfreunden, jede ausweglose Situation zu belächeln und alle Idioten in Schutz zu nehmen. Das haben sie nicht verdient! Umgekehrt hilft mir ein unmissverständliches „Schleich di!" (Womit der Österreicher liebevoll ausdrückt: „Du kannst dich von mir aus entfernen!") orientierungsmäßig mehr weiter als zuckersüß geflötete Hinterfotzigkeit. Bei der ersten Aussage weiß ich woran ich bin und schätze das ehrliche und in der Regel prompte Feedback. Bei Hinterfotzigkeit, die meist mit Klatsch, Tratsch und dem regen Weiterspinnen von angeblichen Gerüchten einhergeht, bin ich leider ein langweiliger Zeitgenosse. Gerüchte vertrocknen bei mir wie Blumensträuße und Topfpflanzen, die ich geschenkt bekomme. Bei den Gewächsen tut mir das leid, aber bei den Tatsachen, die mir von Generationen von Augen- und Ohrenzeugen weitergegeben wurden nicht. Manchmal ist es jedoch praktisch zu erfahren, in welcher Situation man sich selbst befindet. Hätte man nicht zuverlässige Bekanntschaften, deren Sinn des Lebens darin besteht erhaltene

Nachrichten schneller umzuwälzen als die APA, wüsste man gar nicht was man selbst gerade tut! Gott sieht alles, die Nachbarn aber noch mehr! Mit dieser Tatsache muss man sich abfinden!

Gefühlsecht betrachte ich auch jede Fernsehausstrahlung. Es reicht, wenn ich den Raum betrete und im Fernsehen läuft gerade Krambambuli. Alleine beim Gedanken daran zieht bei mir massive Gänsehaut auf und wenn ich nur die Filmmusik höre, muss ich schon heulen! Das kann ich nur durch Umschalten auf den Musikantenstadl stoppen. Dort bekomme ich ein Gefühl der Übelkeit.

Ein Gefühl der Unendlichkeit zieht sich von Montagmorgen bis Montagfeierabend. Kennen Sie das? Die rasende Geschwindigkeit eines ganzen Wochenendes wird am Montag im Umkehrschub kompensiert. So rasch die Zeit auch nach Freitagabend verging, so langsam zieht sie sich von Montagvormittag bis zu den Abendstunden des gleichen Tages. Hier habe ich oft das Gefühl, dass der Montag besser noch zum Wochenende dazugerechnet werden sollte. Echt!

Die hängenden Gärten vom Burgenland

Nicht nur im Burgenland, überall sind sie zu finden: Die hypen Gärten auf Dachterrassen, Balkone und das, was die Bevölkerung schlichtweg für einen Balkon hält – also jedes äußere Fensterbrett.

Darauf wird nun Natur pur geschmissen und gegossen, bis die Nachbarn zwei Stockwerke tiefer sich noch über den hinunter gespülten Humus freuen dürfen.

Doch das Grün bzw. Braun auf den Balkonen (und solchen die es einmal werden wollen) hat einen bestimmten Auftrag: Es soll zum sogenannten „Naschgarten" mutieren und möglichst mehr als eine Erdbeere oder Tomate hervorbringen!

Früher hat man sich mit Kresse am Fensterbrett innen begnügt. Doch mittlerweile sind wir draufgekommen, dass einerseits Kresse-Naschen ein eher lasches Vergnügen ist und andererseits sind unsere grünen Daumen gewachsen. (Scheinbar haben sich unsere Daumen evolutionär vergrößert durch das viele SMS-Schreiben. Wer dabei zu fest niedergedrückt hat, wird wohl blaue und grüne Finger bekommen haben.)

So haben wir nun das dringende Bedürfnis uns die Sicht aus dem Fenster mit einem selbst gezüchteten Dschungel zu verstellen, wo wir nun einmal in der Woche außen am

Fensterbrett mit dem Rasenmäher eine kleine Runde drehen, in der Hoffnung zwischen saurem Regen und CO_2-Ausstoß der Flugzeuge und Autos vitaminreiche Früchte züchten zu können.

Vermutlich wäre es in den Großstätten gesünder die Würmer zu essen, die sich vor den herumfliegenden Schadstoffen in der Blumenerde verstecken. Aber so lange bei uns noch die westliche Kultur vorherrscht, stehen Würmer nicht auf unserer Speisekarte.

Also gießen, düngen, mähen, beschatten, bestrahlen, bestaunen und beschützen wir unseren selbst inszenierten Mini-Dschungel in den Großstätten in der Hoffnung auf reiche Ernte. Am Ende der Gartensaison haben wir es geschafft: Wir haben uns der Zivilisation widersetzt und der Natur großzügiger Weise einen halben Quadratmeter zurückgegeben! Als Dank gibt uns nun die Natur auch etwas zurück! Mit Freudentränen in den Augen pflücken wir ehrfürchtig die Früchte unserer Arbeit: zwei kleine, sauer schmeckende, wurmstichige Kirschtomaten!

Irgendwo im Nirgendwo

Wandern ist das neue Aerobic, Wellness statt Fitness, Wohlbefinden statt schwitzen, Natur statt Beton.

Um aus dem Betondschungel herauszufinden, ist ein Navigationsgerät von Hilfe. Vorausgesetzt man besitzt so eines. Ein Freund ersetzt jedoch alles, vorausgesetzt dieser besitzt Orientierungsvermögen (oder man hat es selbst). Es kann dieses Manko jedoch mit viel Zeit, Geduld und zwei Tankfüllungen wettgemacht werden. So nimmt man zum Wanderausflug nicht die direkte Linie mit dem Auto ans Ziel, sondern genießt einen 260 km Umweg durch die schöne Gegend Österreichs. Das entschleunigt und man lernt dabei Land und Leute kennen. Die ursprüngliche Mission: Ins Grüne fahren, dann zu einer kleinen Kapelle talwärts wandern, die Natur genießen, Sonne tanken, sich draußen bewegen und abschalten.

Letzteres haben wir zuerst gemacht. Jegliches Denken haben wir bereits auf dem Weg ins „Grüne" aufgehört und sind gleich einmal ins „Blaue" gefahren. Mit der zweiten Tankfüllung haben wir aber endlich das „Grün" erreicht, das wir gesucht hatten und wagten uns nun per Pedes weiter zu der kleinen Kapelle talabwärts.

Der steile Anstieg dorthin machte uns nicht stutzig (wir hatten ja längst abgeschaltet), eher brachte er uns ins Schwitzen und zu einer Stoßatmung ähnlich einer

Gruppentherapie in einem Geburtsvorbereitungskurs. Da diese Kapelle als „Geheimtipp" unter Wanderern galt, sahen wir es als selbstverständlich, dass es hierzu keine Wanderwege gab. Vielmehr wurden unsere Urinstinkte geweckt und wir sahen freudig der Herausforderung entgegen unseren eigenen Weg zu finden. Wie verkümmert unsere Ur-Instinkte waren, sollten wir in Folge noch feststellen.

Unser Weg begann harmlos quer über eine Kuhweide mit ausreichend Kuhfladen und bösartigen Kühen, die gerne auf harmlose Wanderer losgingen. Danach führte unser „Weg" bergauf durch einen dichten Wald und endete plötzlich vor einem Abgrund.

Überrascht aber für alles gerüstet, was das Leben bereit hält, seilten wir uns diesen Abgrund hinunter, die Kapelle war ja schließlich talwärts. Unten angekommen, mussten wir einen reißenden Fluss überqueren.

Abgekämpft und in zerschlissener Kleidung schafften wir es mit unserem selbst geschnitzten Einbaum ans andere Ufer wo uns mit verstörten Blicken eine Biberfamilie empfing. Die verwunderten Nager ignorierend stampften wir weiter durch das Dickicht, kämpften uns Tannenzweig für Tannenzweig durch einen Nadelwald bis wir bei einer Lichtung mit einem Toilettenhäuschen ankamen. Da wir leider den Zweck des Häuschens nicht erkannten, hielten wir dieses für die gesuchte Kapelle. Wir genossen den Augenblick des Triumpfes und ließen uns und unsere Ur-

Instinkte von den Eichhörnchen und Vögeln des Waldes feiern. In unserer ausgelassenen Stimmung tanzten wir mit Freudentränen in den Augen eine Runde um die gefundene „Kapelle", bekreuzigten uns und traten wieder den Rückweg an.

Um im gewohnten Rhythmus zu bleiben, fuhren wir auch wieder 260 km nach Hause zurück, der direkte Weg wäre nur anspruchslose 20 km gewesen. So aber konnten mein Freund und ich noch mehr Zeit miteinander verbringen und über unser fulminant geglücktes Abenteuer diskutieren. Wir waren uns einig, uns und unserer Umwelt etwas Gutes getan zu haben und bekräftigten die entspannende Wirkung eines naturverbundenen Wandertages!

Ooooh!

Wir sind in der glücklichen Lage, dass wir zwei eigene „Ooooh!"s besitzen. Sie sind so niedlich, so süß, leider auch so verfressen, aber einfach „oooh!"!

Sie kennen keine „Ooooh!"s? Eigentlich heißen unsere beiden „Speedy" und „Charly", zumindest hießen sie so, als wir sie bekommen haben. Liebevoll nennen wir Speedy auch gerne „Citronella Vladimir Klitschko" und Charly „Bettelsack". Und natürlich „Oooooh!". Diesen Ausruf haben beide vermutlich als Namen akzeptiert. Denn selbst wenn Charly seine Krallen an unseren Vollholzmöbeln wetzt und sich nachts zu uns ins Bett schleicht, erntet er dafür kein Geschimpfe, sondern nur einstimmiges „Ooooh!". Das ist sicherlich Musik in den Ohren eines Katers. Schuld daran sind hauptsächlich die riesengroßen Kateraugen, die, kombiniert mit dem Profi-Bettelblick, sogar Beutetiere wie Mäuse und Vögel dazu bringen, freiwillig tot umzufallen, damit der arme, geplagte Kater keine Arbeit hat.

Auch seinem Cousin, Speedy Citronella Vladimir Klitschko Ooooh!, geht es da nicht anders. Speedy ist der ursprünglich bürgerliche Name eines ursprünglich fetten und bissigen Katers. Dieser Kater, der zu Beginn bei uns alles Fressbare und Nichtfressbare aufsaugte wie ein Schwamm, zählt zu den Abnehmern des Jahres und verlor alleine durch Schlafen geschätzte 50 kg. Bewundernswert! Ich habe das auch versucht, aber dabei leider die verlorenen 50 kg des Katers gefunden und mir zunächst einmal um Bauch und Hüfte gehängt.

Vielleicht lag der Abnehmerfolg auch an dem stark nach Gelsengift duftenden Flohhalsband von Speedy. Der leichte Zitrusduft (daher der Beiname „Citronella") soll ja schlankmachend und stimmungsaufheiternd wirken. Letzteres können wir auf alle Fälle bestätigen, denn Citronella Vladimir Klitschko wurde zu einer richtig schnurrenden, zufriedenen Seele. Mitsamt seinen „Followern", den Flöhen. Und jeder, an dem der Kater vorbeischleicht, wird von dieser positiven Stimmung angesteckt!

Auf der Reise zu uns hat Speedy noch die Zähne zusammengebissen (selbst wenn so manchen Menschenhand kurzzeitig dazwischen war) und selbst wenn er ab und zu niedliche, freundliche Nachbarskater mit einer unwahrscheinlichen Links-Rechts-Kombination an Kinnhaken vermöbelt hatte bevor diese überhaupt mitbekamen, dass ein Wesen ihresgleichen vor ihnen stand, ist Speedy Citronella Vladimir Klitschko nun im inneren Gleichgewicht und immer noch Erster beim Fressnapf. Er strahlt jetzt eine ungemeine Ruhe aus, vor allem kommt diese Ruhe aus der Gewissheit, dass er „der Capo", also der Boss, hier im Umkreis ist. Freunde, die uns besuchen, müssen Schutzgeld an ihn zahlen, nur so kommen sie auch heil wieder nach Hause. Fremde Katzen verehren ihn und sein Cousin wird geduldet, da er die Bücher führt.

Charly ist ein schlaues „Ooooh!", das einen eigenen Sessel bekommt um drauf zu hüpfen und uns bei unseren Alltagstätigkeiten besser beobachten zu können. Z. B. beim Kochen. Mit großen Katzenaugen sieht er zu und lernt. Boef stroganof kann er schon selbständig kochen. Das war nicht immer so. Früher hat er Mäuse und Vögel verzehrt, manchmal bei uns in der Wohnung. Da hörten wir ein Fiepen und Quieken. Als wir den Geräuschen auf den Grund gingen, sahen wir eine Maus durch unser Vorzimmer flitzen und Charly grinsend daneben sitzen. Während ich mir einen Besen holte um die Maus aus unserem Haus zu jagen, schnappte sich Charly das Corpus delicti und verschlang es in einem Stück. Als hätte es nie eine Maus bei uns in der Wohnung gegeben sah mich unser „Ooooh!" mit seinen großen Katzenaugen unschuldig an. Heute ist das nicht mehr so. Charly hat uns so oft beim Kochen beobachtet, dass er nun selbständig das Frühstück für uns zubereitet. – Als Gegenleistung dafür, dass wir im Morgengrauen aufstehen und ihm seine Katzennahrung aus der Dose kratzen und in der Nacht geschätzte 150 Mal aufstehen um das Tier aus dem Haus heraus und wieder ins Haus hineinzulassen. Da soll noch einmal wer behaupten, man bekommt von seinen Haustieren nichts zurück!

Eisprung

Kennen Sie das Stressgefühl, wenn Sie in der Nacht des Karsamstags schweißgebadet aufwachen, weil Ihnen plötzlich einfällt was Sie vergessen haben? Und dass Sie den Rest der Nacht nicht mehr weiter schlafen, weil Ihnen eingefallen ist, dass Sie Ostern vergessen haben? Nein? Dann erzähle ich Ihnen, was Ihnen bislang entgangen ist.

Ob dieser Tag vor dem Osterfest nun Karsamstag oder Ostersamstag heißt, das ist umstritten. Klar ist aber, dass es in der Nacht vor dem Ostersonntag keine weitere Einkaufsmöglichkeit mehr gibt.

Also würden Sie (gesetzt den Fall Sie haben wirklich die Fastenzeit nicht bemerkt und übersehen, dass am nächsten Morgen Ostern ist) nachts mit einer Stirnlampe im Garten herumschleichen und alle Vogelnester nach Eiern durchstöbern. Am besten Sie nehmen jedes Nest mit, es sieht ja schön aus und ist, selbst wenn auch Vögel drin sitzen, eine passende Dekoration. Und Ihre Kinder freuen sich, wenn sie ein Nest finden!

Hasen sind nachts schwer zu entdecken. Zudem sind die Viecher sehr schnell, da kommen Sie im Nachthemd und mit dem mageren Licht der Stirnlampe gar nicht mit! Sie haben ja quasi nur das Abblendlicht am Hirn und bräuchten, um mit einem davonlaufenden Hasen mithalten zu können, Fernlicht!

Besser ist, Sie schneiden aus Karton zwei schöne Ohren aus und binden diese Bastelei dem Hund oder der Katze um. Wenn Sie den Schwanz dann auch noch mit Haargummi zu einem kleinen Knödel formen, sieht er aus wie die „Blume" eines Kaninchens und keiner merkt den Unterschied vom falschen zum echten Hasen. Zudem ist ein „Osterhase" zum Anfassen und Streicheln bei den Kindern der Renner!

Da könnte es mit etwas Glück sogar sein, dass ihnen nicht auffällt, dass dieser Hase gar keine Geschenke gebracht hat. Weder ein neues Fahrrad, noch eine Schultasche oder ein neuer Laptop sind da. Sie können höchstens auf ein Vogelei das Wörtchen „Von" schreiben und versuchen ihren Kindern dies als das neue „Ei-Von" unterzujubeln.

Sobald aber Ihre Kinder in den Kindergarten gehen, funktioniert dieser Trick nicht mehr, denn dann kennen Ihre Sprösslinge das iPhone von den Kindergartenkollegen und -kolleginnen. Die benötigen alle das Teil unbedingt, denn falls der Kindergarten einmal früher zu Ende ist, müssen sie ja zu Hause anrufen, damit sie auch abgeholt werden! Ebenso bekämpfen manche Kindergartenkinder die Langeweile bei den morgendlichen Sitzkreisen mit allen anderen und der Kindergartentante durch heimliches SMS-Schreiben!

Aber diese Tatsachen helfen Ihnen karsamstags nachts noch nicht aus der Patsche! Liebevoll, aber mühsam bestreichen Sie jedes einzelne Ei mit Nagellack. Der glänzt so schön und damit sparen Sie sich das Einreiben der Eier mit Speck. Zusätzlich wird jedes Ei auch noch ein wenig robuster, denn zum Eierkochen haben Sie mitten in der Nacht keine Zeit. Was wiederrum den Vorteil hat, dass Ihnen kein Ei beim Nicht-Kochen zerspringen kann! (Sind Sie gedanklich noch dabei?)

Immerhin haben Sie schon Nester, Eier (sogar bunte!), einen Hasen (und sei es der Nachbarsköter in Verkleidung), da werden Sie auch noch Leckereien für Ihre Liebsten auftreiben!
Ihr erster Blick fällt auf die Stelle wo üblicherweise Süßigkeiten, sofern sie im Haus sind, aufbewahrt werden. Nach einer ganzen Hausdurchsuchung müssen Sie entsetzt feststellen, dass Sie, ausgenommen von kleinen Zuckersäckchen, die Sie laufend aus den Kaffeehäusern mitnehmen, nichts Süßes verfügbar haben!

Dekorativ pflanzen Sie also die Zuckersäckchen zwischen die echten Vögel ins Nest; Süßes werden Ihre Kinder somit finden. Da „Leckereien" ein dehnbarer Begriff ist, fallen darunter auch sicherlich Wurst, Käse und Butter. Alles zusammen ergibt schon eine schöne Osterüberraschung.

Nun werden aber zu Ostern die Präsentkörbe nicht einfach überreicht, sondern raffiniert versteckt, um anschließend erfreut gefunden zu werden. Doch wohin mit dem Plunder? Wo könnte man ein Vogelnest mit lackierten

Eiern, Brot, Butter, Käse und Wurst verstecken? Am besten wohl auf einem Baum, das scheint die einzige Erklärung!

Vergnügt ziehen Sie sich wieder ihre Stirnlampe an und hüpfen im Morgengrauen im Garten herum, bemüht die einzigartigen Osterüberraschungen zu verstecken.
Der Ei-Sprung im Garten hat sich gelohnt! Noch bevor die Sonne aufgeht, haben Sie alles erledigt, alles gut versteckt und Sie können es kaum erwarten die Gesichter Ihrer Liebsten zu sehen, wenn Sie die Osternester finden und mit dem Eierpecken beginnen…

Zwiegespräch

Petrus steht auf eine Wolke und raucht eine Zigarette. Da donnert und blitzt es und aus einer Nebelschwade tritt der Teufel hervor, ebenfalls mit einer Zigarette im Mund.

Petrus: „Hast du ein Glück, dass das hier die Rauchwolke ist, sonst müsstest du für deinen Nebel Strafe zahlen!"

Teufel: „Benebeln kostet auch schon was?"

P.: „Fällt unter Unterhaltung, da musst du löhnen."

T.: „Das Bespaßen der Leute wird auch immer teurer!"

P.: „Wem sagst du das! Alleine für unser himmlisches Frühstück müssen wir immer mehr zahlen, das muss ich wo anders wieder einsparen, sonst reicht das Budget hinten und vorne nicht! Und die Leute essen als gäb´s kein Morgen! Das kannst du dir nicht vorstellen!"

T.: „Naja, bei euch da oben, hat ja nichts Konsequenzen. Keiner muss was bezahlen, keiner wird jemals alt oder krank und keiner nimmt auch nur ein Gramm zu. Da darfst du dich nicht wundern."

P.: „Ich bin gerade dabei ein neues Geschäftsmodell zu erstellen, „all inklusive" können wir uns nicht mehr lange leisten bei unserer derzeitigen Gesamtverschuldung."

T: „Ihr müsst die Leute mitarbeiten lassen! So wie bei mir!
„Do it yourself" ist angesagt! Das Fegefeuer ist ein richtiger
„Hot Spot", scharenweise laufen sie mir über meine
glühenden Kohlen und sind richtig euphorisch dabei!
Seitdem ich einen Personal Coach bei mir unten habe,
stehen die Leute auch auf die Schlepperei von Sissyphus.
Sie reißen ihm den Stein förmlich aus der Hand! Das
Sonderbare ist, wenn sie es mal auf den Berg geschafft
haben und dann bemerken, dass sie sich plötzlich wieder
am Fuße des Berges befinden, taucht dieser Coach auf und
redet so lange auf sie ein, bis sie mit dem schweren Stein
auf und ab sausen, wie ein Eichhörnchen nach 5 Espresso.
Ich kriege aber auch immer diejenigen ab, die keiner will!
Noch mehr Coaches und Mentaltrainer und ich kann meine
Hölle zusperren."

P.: „Wem sagst du das! Es wird wirklich immer schwieriger,
gute Leute zu kriegen! Ich habe gesehen, dass der Chef
Karl-Heinz-Grasser auf unserer Liste für den Fall des Falles
vorgemerkt hat. Nur weil der Grasser so schöne Haare hat!
Was kommt dann? Nehmen wir Massenmörder auf, wenn
sie saubere Fingernägel haben?"

T.: „Ist eh kein Unterschied mehr zwischen euren Leuten
und meinen Leuten. Ich habe die Hütte voll Manager und
Politiker und die fühlen sich bei mir pudelwohl! Regel-
mäßig sitzen sie sich mit Handtüchern ums Fegefeuer und
halten dort ihre Meetings ab. Der neueste Schrei ist, sich
danach die warmen Steine auf den Rücken zu legen und

dabei zu chillen! Das hat ihnen ein Geschäftsführer einer Consulting GmbH eingeredet, der ebenfalls zu mir in die Hölle geschickt wurde."

P.:"Stimmt, solche Leute wollen wir nicht. Darum verstehe ich es nicht wegen Grasser...? Darauf muss ich den Chef nochmals ansprechen!"

T.:" Das passt schon so! Den Grasser könnt ihr gerne haben! Mitsamt seinen ehemaligen und künftigen Kollegen und den Nicht-Mitwissern und Unschuldigen! Mir reicht es, wer jetzt schon aller bei mir ist! Vielleicht werden wir uns über eine Quotenregelung einig, wer wen bekommt..."

P.:"Das müssten wir aber wo anders besprechen. Hier zieht es ganz schön."

T.:"Gehen wir zum Wirten?"

P.:"Sehr gerne. Ich melde dem Chef, dass ich Mittagspause mache, dann komme ich."

„I"

Der wohl bedeutendste Buchstabe unserer Zeit ist „i", auf Englisch „I". Leser, die nicht aus dem österreichischen oder bayrischen Sprachraum kommen, lernen hier entweder Neues dazu indem sie sich auf die hochdeutschen Untertitel konzentrieren oder wenden einfach die Seiten bis zum nächsten Kapitel, welches sie sicherlich besser verstehen werden, denn hier kommt u. a. einiges aus der Mundart vor.

Waren früher häufig „A!", „O!" und „U!" im Sprachgebrauch, so hat „I" nun eindeutig alle abgelöst. „A!" und „O!" galten ja lange als Ausrufe der Über- raschtheit im deutschen Sprachgebrauch. Seitdem uns aber nicht nur die Nachrichten im Fernsehen, sondern auch zusätzlich Google und YouTube zeigen was es auf unserer Welt alles gibt, kann uns kaum noch etwas überraschen. Diese Ausrufe sind somit veraltet.

Ein „U!" zeigte immer an, dass man Mist gebaut hatte, dies erkannte und auch die Verantwortung dafür übernahm. Mist wird mehr denn je gebaut, nur erkennen tut es kaum wer und Verantwortung dafür übernimmt schon gar keiner. Also auch kein „U!" mehr.

Es gab mal eine Zwischenzeit, da wollte sich das „Ääääää" einschleichen. Das war in den späten achtziger Jahren. Da sprachen die Leute noch von Angesicht zu Angesicht miteinander. Um langweilige Sprechpausen zu überbrücken griff man kurzerhand zum „Ääääää". Aber wie alles andere aus den Achtzigern, verschwand auch das „Ääääää" wieder. Nicht zuletzt deshalb, da persönliche Gespräche den Chats im Internet und oberflächlicher schriftlicher Kommunikation über Instant-Message-Dienste gewichen sind. „habe neue globürste gegauft" wird gepostet und die mangelnden Rechtschreibkenntnisse des Computers bzw. der mangelnde Rechtschreibwille des Verfassers dadurch ausgeglichen, dass man auch noch ein Bild der neu erstandenen Klobürste dazu setzt. Noch vor einigen Jahrzenten hätte der Gesprächspartner darauf spontan mit dem üblichen „Ääääää" geantwortet auf der Suche nach einer passenden, richtigen Antwort. Das ist nun dank Facebook, Instagramm, What´s App oder welchem Chat auch immer, unnötig geworden. Man drückt entweder auf „like", den erhobenen Daumen, oder sendet ein Smiley. Niemand käme auf die Idee „Ääääää" zu posten. „I like" ist in, besonders das „I"! „I mog…" und „i mog net…" kann jeder für sich richtig beantworten. Da gibt es keine offiziellen Fehler. Was auch unzählige Psychologen und Arbeitsmediziner freut. Im ständig wachsenden Leistungsdruck sind diese Personen sehr bedacht darauf, dass es uns gut geht bzw. wir uns in diese Richtung „outen". Eigentlich bringt das gar nichts, denn wenn wir auf normalem Wege mitteilen, dass es uns in der Schule oder in der Arbeit nicht gut geht, wird das ignoriert; stattdessen ein Ablenkungsmanöver gesucht. Da eignet es sich gut, eine Umfrage zu starten, wer z. B. Äpfel mag. Also abstimmen und anklicken: entweder „i mog" oder „i mog net" – so einfach ist das. Und wir wurden nach unserer Meinung zu einem komplett überflüssigen Thema befragt. Aber wir fühlen uns deswegen wichtig.

So hält man nicht nur den Mitarbeiterstand, sondern sogar ganze Nationen bei Laune. Immer wieder geben wir freiwillig der Welt preis was wir machen, denken, ja sogar fühlen. Nur handelt es sich dabei nicht um die weltbewegenden Dinge, die wir offen aussprechen, sondern um unsere persönlichen Angelegenheiten. Wir müssen nicht fürchten, dass unsere Daten ausspioniert werden, stellen wir sie doch selbst ins Internet. In den Radiosongs ist das meistverwendete Wort „I" und Google findet in 0,34 Sekunden ganze 1.040.000.000 „ichs" – so einzigartig sind wir im Netz!

My Home is my Garden

Wenn Sie nun denken, dies sei der Ausspruch einer Nacktschnecke, dann haben Sie sich getäuscht. Schnecken, auch die ohne Schutzhaus, sind der Feind im Garten. Sie bestäuben nichts, sie fressen nur überall Löcher rein. Genauso wie Maden und Mäuse. Jegliches Getier sollte eigentlich per Visum um Einreise in eingezäuntes Gebiet, sprich einen ordentlichen Garten, bitten.

Bienen sind z. B. in Ordnung. Sofern sie sich an das Naturgesetz halten, dass sie nur Blüten bestäuben, den Nektar einsammeln und dabei niemanden stechen, ist das OK. Auch kleine, niedliche Tiere wie z. B. Frösche, Igel, Eichhörnchen und wenn es sein muss auch Rehe dürfen durch den Garten schleichen, quasi das Wegerecht benutzen. Aber es wird nichts angefressen, aufgefressen oder auch verschmutzt! Warum will sich die Natur nicht daran halten?

Im Herbst z. B. fallen die Blätter von den Bäumen. Das tun sie immer! Sie tun es auch nicht alle gleichzeitig – nein, da fällt Blatt für Blatt herunter, sodass man ständig damit beschäftigt ist, den Bäumen hinterher zu räumen!

Vom Frühjahr bis zum Winter hat man auch mit dem Gras seine Not. Kann es nicht einmal still stehen, muss es denn immer wachsen? Das noch dazu so ungeordnet. Ein Stängel ist länger, der andere wieder kürzer, dazwischen

vielleicht sogar noch der eine oder andere Klee –
unmöglich!

Noch schlimmer als bunter Klee und aufmüpfiger
Sauerampfer ist Löwenzahn! Diese gelben Blumen
respektieren nicht einmal die Grenze der Wiese und
sprengen sich auch noch glatt durch Terrassen-Beton. Wie
soll man da bitte einen sauberen Garten zustande bringen,
sodass jeder Nachbar neidisch wird? Der einzige Weg
scheint wohl zu sein, die Wiese zu betonieren und grün
anzustreichen!

Feng Shui

Kennen Sie Feng Shui? Es ist eine alte, mittlerweile beinahe vergessene Kunst des Kaufens. Um die Jahrtausendwende war sie gerade in Mode. Das Schöne an Feng Shui war, dass es ohne Strom und Batterie funktionierte und dass es jeder brauchte. „Mehr Lebensqualität! Mit Feng Shui glücklicher leben!", hieß es. Diese Behauptung erinnerte mich an eine alte Tampon-Werbung in der versprochen wurde, dass man mit Tampons reiten, schwimmen und weiß Gott noch was für tolle Sachen machen könne. Aber ich kenne Männer, die mit einem Tampon in der Hand sofort vom Pferd gefallen sind.

Folglich war ich auch in Punkto Feng Shui skeptisch und widerstand der Versuchung viel Geld für besondere Artikel dazu auszugeben. Stattdessen probierte ich mit einfachen Dingen aus dem Haushalt mehr Lebensqualität nach der Tradition von Feng Shui zu erreichen. Oft kommt es ja nur auf eine bestimmte Anordnung der Gegenstände an.

Nachdem sich aber ein fünf Meter hoher Stapel aus lauter glatten Steinen vor der Garage als unpraktisch erwiesen hat, beschränkte ich mich auf Kleinigkeiten: Hier mal eine hängende Spirale mitten im Raum, dort mal eine Pflanze. - Was soll ich sagen? - Die Spiralen haben es überlebt, die Pflanzen liegen bereits vertrocknet auf dem Kompost-haufen!

Aber ich fühle mich bereits sehr shui und bin bemüht meine Gefühle auch an den richtigen Stellen im Haus auszuleben: Bin ich gesund und familienverbunden, wandere ich zur linken Seite des Raumes, am besten in die Mitte zur Wand. Der Bereich für die Kinder ist allerdings weit weg davon, soweit es geht, genau an der gegenüberliegenden Wand. Suche ich hilfreiche Menschen, erreiche ich sie laut Feng Shui in der rechten unteren Ecke des Gemäuers. Für Reichtum und eine gute Partnerschaft muss ich die längste Strecke zurücklegen und finde das in den hintersten Winkeln des Zimmers, irgendwo zwischen Lurch und Spinnweben. Wenn ich mich nicht mehr auskenne, marschiere ich in die linke untere Ecke des Raumes. Dort sind laut Feng Shui das Wissen und die Ausbildung zu Hause oder eventuell ein Feng-Shui Informationsstand. Wenn Sie allerdings, so wie ich, kein eingefleischter Feng-Shui-Anhänger, sondern vielmehr blutiger Feng-Shui-Anfänger sind, drehen Sie einfach täglich ein paar Runden in jedem Raum zu Hause, dann kann nichts schief gehen!

Schnell, schneller, ..?

Wer zu langsam ist, den bestraft das Leben. Die Fliegen auf meiner Windschutzscheibe können ein Lied davon singen.

Doch es gibt Momente, da bin ich selbst so eine Fliege, überfahren vom Affenzahn der Zeit. Jeden Montag passiert mir das. Wenn ich noch schlaftrunken Samstag und Sonntag nachträume, während mich mein Wecker aus der schönen Wochenendwelt reißt. Klatsch! Mit der dritten Tasse Kaffee wird mir schlagartig klar, dass eine neue Woche begonnen hat und wieder schnelleres Tempo gefragt ist! Besonders von Montag bis Freitag (manche sogar bis Samstag) müssen wir (schnelle) Entscheidungen treffen. Wichtiges von Dringendem unterscheiden, zum Beispiel.

Früher wurde das Attribut „dringend" selten und vorsichtig gebraucht und jedem war klar, was dringend war, war auch sogleich wichtig.

Heute ist alles wichtig und noch mehr davon dringend. Ich betrachte die Dinge jedoch teilweise aus einem anderen Blickwinkel. Es ist aus meiner Sicht wichtig, dass ich für meine Familie Essen koche und die Haustiere füttere. So lange jedoch niemand aus Hunger an meinem Bein nagt, ist es nicht dringend.

Diese Arbeitshaltung verteidige ich vehement. Wenn etwas angeblich vor lauter Dringlichkeit „brennt" und ich einen Auftrag bekomme, der bereits seit Tagen erledigt sein sollte, ziehe ich die Nase kraus und sauge tief Luft ein. Dann erkläre ich meinem Gegenüber, dass ich weder Feuer noch Rauch riechen kann. Daraufhin bekomme ich meistens genervt zurück, dass das Brennen nur symbolisch gemeint war und ich verdammt noch mal schnell machen soll! In diesem Fall kann ich meinem mittlerweile zerrütteten Auftraggeber immer noch ruhig erklären, dass es mir wichtig ist, sein Anliegen qualitätsmäßig zu seiner Zufriedenheit zu erledigen und nicht einfach nur schnell. Dass dahinter grundsätzlich gute Absichten stecken, wird immer schwieriger zu erklären. Zu den wenigen Dingen, die in unserer Welt mehr Beachtung bekommen, zählt eindeutig Geschwindigkeit. Und das nicht nur beim Formel 1 Rennen!

Es ist noch verständlich, dass wir es kaum erwarten können, das erste Lächeln, die ersten Schritte und die ersten Worte unserer Kinder zu erleben! Wir fördern unsere Kinder, damit sie noch schneller lernen und sich hoffentlich noch besser entwickeln.

Bedenklich wird es, wenn wir unsere Nahrungsmittel gentechnisch verändern, damit sie schnelleren Ertrag bringen. Wir essen sie auch schneller, Fast Food ist durch viele, sogenannte gesunde Varianten alltagstauglich geworden. Und essen muss schnell gehen, denn jeder ist mit

Arbeit überlastet, hat in unseren Breiten sowieso meistens nur eine kurze Mittagspause, die er/sie/es dann auch noch für andere Erledigungen nutzt. Schnell mal die Kinder abholen oder wo hin bringen, schnell mal einkaufen, schnell im Internet nachsehen, schnell mit Freunden telefonieren, schnell was erledigen… Der Zusatz „schnell" gibt unseren Handlungen scheinbar erst die Berechtigung dazu. Kaum jemand verkündet nun langsam und genussvoll sein Abendbrot zu essen. Und danach in Ruhe e-Mails zu lesen? Dabei wäre das ja gar nicht schädlich, selbst in der modernen Welt heutzutage? Ist es nicht auch das, was wir uns manchmal wünschen? Wir glauben, wenn wir alles „schnell" machen (oder zumindest uns selbst und unserem Umfeld vormachen, dass wir alles schnell machen), schaffen wir mehr. Doch geht es uns dabei nicht oft so wie den Fliegen auf der Windschutzscheibe?

Burn in

Börsengurus predigen es schon seit ewigen Zeiten: Um richtig Geld zu verdienen, muss man sich antizyklisch bewegen. Schichtarbeiter machen es demnach im Ansatz schon mal korrekt. Wenn alle anderen aufstehen und zur Arbeit gehen, kommen sie nach Hause und legen sich nieder. Als Beweis, dass die These der Börsengurus stimmt, bekommen die Schichtarbeiter eine Nachtzulage gezahlt.

Österreich ist das Land der Berge und der Täler. Am herausragendsten dabei ist das Jammertal. Wir Österreicher verjammern den Großteil unseres Lebens in der Hoffnung, dass ein von Mitleid erregter Mensch kommt und uns erlöst. Möge er aus unserem Jammern das Problem erkennen und für immer beheben, aber bitte auf die für uns bequemste Art!

Darauf warten und hoffen darf man ja, denn die Hoffnung dafür stirbt zuletzt, gerade in einem Sozialstaat wie Österreich!

Statt uns bis ins Burn out zu jammern (bzw. zu „sudern", wie wir Österreicher gerne sagen), sollten wir die Welt ein bisschen positiver sehen und uns in ein „Burn in" jubeln! Wir sehen meist nur was wir *nicht* haben und übersehen, was wir alles haben und dass man eben nicht alles haben kann. (Für alle Leser, die den letzten Satz verstanden haben, hier noch ein Zusatz: Diejenigen, die viel haben,

haben auch nichts davon, wenn sie immer mehr haben wollen, denn wenn sie nicht erkennen, was sie alles haben und nie genug davon haben können, haben sie einen Vogel. – Alles noch klar?)

Um tatkräftig dabei zu helfen Österreich zu „entsudern", führe ich im Folgenden ein paar typische Suderanten-Situationen vor und präsentiere Ihnen auch zu jeder Situation einen geeigneten Lösungsvorschlag. Wenn Sie, liebe Leser, also auf der Straße Menschen nach den unten stehenden Mustern jammern hören, können Sie gleich einschreiten und die Leute eines Besseren belehren. Viel Glück und Spaß beim Anwenden!

Eine gute Nachricht für Leser, die nicht aus dem österreichischen oder bayrischen Sprachraum kommen: Zum besseren Verständnis sind bei den Mundart-Teilen für Sie hochdeutsche Untertitel eingefügt!

Situation 1:

Zwei Pensionisten schlendern über den Hauptplatz und drücken sich anschließend die Nasen an den ausgehängten Patescheiben platt. (Das ist ganz normal, anders können sie die Namen nicht lesen. – Darum halten sie die Leute hiervon bitte noch nicht ab!)

Pensionistin 1: „Da Simmerl is gstorbn!"
(„Der Herr Simmerl ist tot.")

Pensionist2: „Da Jentschke a!"
(„Der Herr Jenstschke ist auch tot.")

P1: „Dös is a Wahsinn!"
(„Das ist empörend!")

P2: „Jo, scho."
(„Ja, so ist es in der Tat.")

P1: „De sterb'n olle wia de hinichn Fliagn! Dreianeinzg Joa is jo ka Oita net!"
(„Es rafft sie nun alle dahin. 93 Jahre ist ja kein besonders hohes Alter!")

P2: „Jo, wos soi ma do sog'n? De Jugend hoit nix mehr aus heitzutog!"
(„Das ist nun schwer zu sagen. Scheinbar ist die heutige Jugend nicht so strapazierfähig.")

Die Suderei ist nun eingeleitet und da Pensionisten über langjährigen Suder-Stoff verfügen kann sich das Jammern bis in die nächste Woche hineinziehen. Schreiten sie also ein und vermitteln sie den alten Leuten ein neues Lebensgefühl, indem Sie ihnen das Positive in ihrem Leben vor Augen halten! Beginnen Sie so:

Lösungsvorschlag:

„Gute Frau, geschätzter Herr!
Anstatt den Tod und Verlust von Bekannten zu bejammern, sollten Sie das Leben genießen! Beklagen Sie nicht die Toten, bejahen Sie das Leben! Ignorieren Sie alle Todesanzeigen! Wenn Sie morgens aufwachen und die Augen öffnen, tun Sie dies mit einem lauten „YEEEAAAAHHH!!" Sie haben es wieder geschafft! Wieder mal dem Tod ein Schnippchen geschlagen und wieder aufgewacht! Das geht! Springen Sie auf Ihren Betten herum und spielen Sie Luftgitarre! Alleine das Ereignis am Morgen aufzuwachen ist es in Ihrem Alter wert!"

Am besten Sie warten gar nicht die Dankesworte der Pensionisten ab, sondern lassen diese frohe Botschaft erst einmal auf die Menschen wirken. Gehen wir über zu Beispiel 2.

Situation 2:

Sie kriegen mit wie sich ein Steuerzahler ärgert. Der Mann um die vierzig ist gerade dabei vor Wut seine Brieftasche aufzuessen. Nachdem er sich erfolglos am neben-stehenden Strauch aufgehängt hat, springt er nun auf seiner Aktentasche herum wie das Rumpelstilzchen, sein Kopf, von dem eine kleine Wut-Dampfwolke aufsteigt, ist hochrot und dem Explodieren nahe.

Wenn Sie nun näher herangehen, können Sie hören, wie sich der Mann aufregt. Aus dem anfangs unverständlichen Kauderwelsch aus Flüchen, hören Sie jedoch heraus, dass, nach Meinung des Steuerzahlers, mit dem Preis-Leistungs-Verhältnis seiner Arbeit etwas nicht in Ordnung ist.

Für die geleistete Arbeit und die getragene Verantwortung bekomme der Mann nicht die angemessene Entlohnung, dafür höher angesetzte Abgaben für Steuern und Soziales. Als Beweis hält er Ihnen seinen Lohnzettel vor die Nase. Sie sind den Tränen nahe, denn einerseits kennen Sie diese abscheuliche Situation von Ihren Gehaltszetteln, andererseits haben Sie ein Herz und es schmerzt Sie immer wieder aufs Neue solch Unrecht schwarz auf weiß zu lesen.

Aber als **Lösung** zeigen Sie dem armen Steuerzahler die Kehrseite der Kehrseite! Weisen Sie ihn auf die unentgeltlichen Werte seiner Arbeit hin: Das zufriedene Gefühl etwas geleistet zu haben, das tägliche Beisammensein in der eingeschweißten Arbeitsgemeinschaft (sofern man sich im Betrieb nicht gegenseitig niedermoppt), täglich 8 Stunden und mehr ein beheiztes Dach über dem Kopf (sofern man in einem Büro arbeitet). Mit seinen Steuern unterstützt der arbeitende Mensch in Österreich sehr viele Einrichtungen, die ohne ihn längst zu Grunde gegangen wären: alle staatlichen Einrichtungen, Politik und Wirtschaf. Das ist löblich und darauf kann der Steuerzahler stolz sein! Klopfen Sie ihm auf die Schultern, wenn Sie ihm das einreden und lassen Sie ihn dann mit diesem guten Gefühl zurück!

Situation 3:

Einer jungen Mutter ist es im Supermarkt offensichtlich peinlich, dass ihr kleiner Sonnenschein nicht einsieht, dass er vor dem Mittagessen keine Schokolade bekommt und sich deshalb mit sirenenartigem Gebrüll am Boden wälzt. Das Geschimpfe und Gejammere der Mutter wechselt wie Regen und Sonne im April; die meisten Leute gehen achtlos an den beiden vorbei. Sie nicht! Sie sind Vertreter des Guten und helfen der armen Frau!

Die Lösung:

Zunächst wenden Sie sich zu der kleinen Nervensäge am Boden mit einer Bestätigung, dass sie eine kräftige Stimme habe und bestimmt einmal ein berühmter Opernsänger werde. Das schreckt kleine Kinder ab und augenblicklich hören sie auf zu schreien. Dafür ist die Mutter leicht geschmeichelt und ihre Scham weicht schön langsam Stolz. Erklären Sie nun der Mutter, dass sie richtig stolz auf ihren Racker sein kann, wo er doch so eine Entschlossenheit an den Tag legt! Mit dieser Beharrlichkeit wird er es einmal von hier unten bis in die obere Managementebene schaffen! Selbst wenn sich der kleine Schreihals vor lauter Anstrengung dabei in die Hosen gemacht hat, bestärken Sie die nun guten Gefühle der Mutter und loben Sie noch die gute Verdauung ihres Ablegers! Bravo und danke für Ihren Einsatz!

Plug an Play

Ich liebe technisches Gerät, das ich ohne Bedienungsanleitung oder sonstige Erklärungen begreife, also Dinge, die unter den Begriff „Plug and Play" fallen. Ein Fernseher, ein Mixer, ein Fahrkarten- und auch ein Getränkeautomat sind demnach auf meiner Seite. Ich stecke was rein und erhalte was.

Auch das Navigationsgerät, das bei uns zu Hause liebevoll „Susi, die Stimme aus dem Hintergrund" genannt wird, fällt an sich in diese Kategorie. Bei Susi muss man allerdings zunächst die Hürde der richtigen Stecker überwinden. Und die der richtigen Knöpfe. Und die des richtigen Tages. Und die der richtigen Stimmung von Susi. Dann kann man mit ihr bis ans Ende der Welt fahren. Was anderes kennt sie sowieso nicht.

Da Susi und ich sich in letzter Zeit als ausgesprochen gutes Team erwiesen haben, beschloss ich mich ganz auf sie zu verlassen als ich mein Kind zum Schulschnuppern in eine höhere Schule in einem anderen Bezirk bringen wollte. Susi kannte die „Höhere Technische Lehranstalt" im Zielort als „Sonderziel", somit genoss sie mein vollstes Vertrauen.

Zumindest brachte Susi es nicht übers Herz mich anzulügen, denn sie sprach die ganze Strecke kein einziges Wort. Stumm zeigte sie mir einen für mich völlig neuen Weg dem ich brav folgte.

Als Susi mit dem Zeigen fertig war und in Leuchtbuchstaben das Wort „ZIEL!!" aufblinkte, standen mein Sohn und ich vor einem Friedhof. „Meinst du wirklich, dass ich hierher soll?", zweifelte mein 14-jähriger Spross.

Dass dieses allzu ruhige Ambiente nicht das gewünschte Ziel war, war klar. Auf altmodische Art und Weise fragten wir uns zur Schule durch und vorsichtshalber legten wir diese Strecke auch zu Fuß zurück, so konnten wir uns nicht zu weit verlaufen. Die Tücke hierbei war, dass auf einer Anhöhe sogar ein ganzes Schulzentrum war und wir nicht nur einmal, sondern sogar mehrmals den Berg rauf und runter gelaufen sind, um die richtige Schule zu finden. Etwas außer Atem, aber glücklich, kamen wir am Ziel an um gleich darauf auf einem riesigen Parkplatz, wo sogar Reisebusse standen, von Klassenkameraden meines Sohnes und deren Mütter empfangen zu werden. Alle fuhren problemlos bequem und direkt bis zu diesen Parkplatz. Um die Peinlichkeit zu vertuschen, dass unser Wagen versehentlich vorm Friedhof parkte und nicht hier vor der Schule, schuf ich ein cleveres Ablenkungsmanöver und bot mich sofort an, alle Kinder nach Hause zu bringen. Schnell war dies ausgemacht, Telefonnummern und Adressen ausgetauscht, gegen Mittag sollte ich wieder kommen und alle Zöglinge abholen.

Den ganzen Vormittag habe ich mich mit Susi beschäftigt, damit sie die richtigen Daten und auch wieder eine Stimme bekam.

Ihre ersten Worte des Dankes fielen dann als ich die Garage verlassen hatte:

„Wenn möglich, bitte wenden!" Gut, dass ich auch noch eine altmodische Straßenkarte besitze.

Enten

Ente haben es gut. „Ente gut, alles gut", sagt ein Sprichwort. Ich finde Enten eher fett, aber im Urlaub mutiere ich selbst zur Ente. Es geht mir gut und ich esse ständig. Von jeder Schüssel, die mir auf meinen Weg begegnet, nehme ich eine Kostprobe; selbst wenn es sich um die Schraubenmuttern handelt, die mein Mann zufällig abgestellt hat. Schraubenmuttern sind knusprig und beugen Eisenmangel vor. Doch nochmals zurück zu den Enten. Diese Viecher legen eine bewundernswerte Gleichgültigkeit an den Tag!

Die Ente schwimmt im Wasser, aber nicht weil sie sich so anstrengt, dies so sehr geübt hat oder so gut kann – nein sie schwimmt alleine wegen ihres Fetts und ihrer Form! Dabei sieht sie einen auch noch arrogant von oben herab an, wenn sie am Wasser schaukelt, während man selbst mitten am See feststellt, dass man sein Können möglicherweise überschätzt oder das wahre Ausmaß des Sees unterschätzt hat.

Der Ente ist das egal. Sie fühlt sich nicht besonders verbunden mit den anderen, die im See schwimmen, sie fühlt überhaupt nicht sehr viel. Im Winter, wenn der See zugefroren ist, steht die Ente ganz cool auf dem Eis und setzt wieder ihren arroganten Blick auf. Das ist ihre

Herausforderung zur Ice-Bucket-Challenge der besonderen Art: barfuß auf dem Eis stehen – Wer zieht mit?

Enten tauchen auch ab und zu unter, übersehen aber meistens ihren eigenen Bürzel. So kann man jederzeit feststellen, wo sich die Ente gerade befindet. Wegen ihres Geschnatters lässt sich ebenso feststellen, dass eine Ente ggf. in der Nähe ist. Ich frage mich nur, warum es im Volksmund in der Beziehung immer *die* Ente heißt?

In Rauch aufgelöst

Täglich werden Raucher beschimpft, verjagt und vertrieben. Sie werden behandelt wie die Hexen des dritten Jahrtausends. Dabei gibt es nicht einmal annähernd eine derart soziale Bevölkerungsschicht wie die Raucher. Alleine durch ihre Beiträge an Tabaksteuern liefern sie der Wirtschaft freiwillig einen stattlichen Beitrag, den diese nicht zu würdigen weiß. Hinzu kommen noch die Ausgaben für Vitamintabletten und Nahrungsergänzungsmittel als Ausgleich für das Rauchen. Seit Jahren werden Raucher bei Er- und Ablebensversicherungen für ihre Leidenschaft mit höheren Prämien bestraft. Dabei sterben sie auch nur einmal, genauso wie jeder andere Versicherungsnehmer.

Raucher kaufen automatisch auch mehr Arzneimittel gegen Husten und Erkältungs-krankheiten; konsumieren dafür weniger Krankenstand, aus Angst dann als Raucher, der die Firma und den ganzen Sozialstaat Österreich betrügen will, da zu stehen.

War das Rauchen vor einer Generation noch „cool", so ist es nun gesellschaftlich verpönt. Öffentlich darf man nicht mehr rauchen. Die Stadt Wien überlegt nach der überdurchschnittlich guten Einführung des Hunde-Gackerl-Sackerls nun zusätzlich Sackerl für die Raucher bereitzustellen. Wenn ein Raucher sein Bedürfnis partout nicht mehr zurückhalten kann und sich einfach an Ort und Stelle des Entzugssyndroms entledigen, sprich „eine Rauchen" will, dann soll er seinen Rauch in das Sackerl blasen und das Ganze zu Hause ausleeren.

Das Problem ist, dass es auch in den meisten Wohnungen nicht mehr gern gesehen ist zu qualmen, sobald ein Raucher/einer Raucherin mit einem Nichtraucher/einer Nichtraucherin zusammen lebt oder auch nur nicht-rauchende Freunde hat. Freiwillig ziehen sich dann die Raucher zurück, auf das letzte Stück Wohnung wo sie ver-meintlich ungestört dem Nikotingenuss frönen dürfen. Gottlob wer Besitzer eines Balkons oder gar einer Terrasse ist!

Umständlich ist es nur im Winter, wenn man vor der Wahl steht, sich entweder ordnungsgemäß für draußen zu kleiden (was aber erstens länger dauert – wie einst sehr schön in einer Schokoriegelwerbung beschrieben wurde – und zweitens man mit den dicken Handschuhen die Zi-garette nicht aus der Packung fangen kann). Oder man wählt die zweite Option: erfrieren! Es handelt sich ja schließlich nur um einen Glimmstängel den man im Mund hat, nicht um eine Zentralheizung!

Freunde von mir, die weder einen Balkon noch eine Terrasse hatten, haben sich beim Rauchen immer aus einem Fenster gehängt. Zwei sind dabei schon ums Leben gekommen, weil sie sich zu weit hinaus gebeugt hatten. Ein weiterer Freund wandte diese Fenster-Methode im Büro an. Leider arbeitete er in einem hohen Gebäude mit

Glasfassade. Sein Grundgedanke war gut, sein Zeitablauf schlecht. Denn just in dem Moment als er sich aus dem Fenster gebeugt die Zigarette anzünden wollte, bretterte von oben ein Fensterputztrupp in der Abseilvorrichtung herunter und riss den armen Raucher in die Tiefe. Aus mit seinen Steuerbeiträgen und wirtschaftlichen Unterstützungen für Vitamintabletten, Nahrungser-gänzungsmittel und Hustensaft.

Wir sollten uns um die Raucher mehr kümmern! Wir sollten sie unter Naturschutz stellen bevor wir sie und ihre Steuereinnahmen nicht mehr haben!

In vollen Zügen

Schaffner genießen ihr Leben in vollen Zügen. Ich mache so etwas sehr selten. Es beginnt schon damit, dass ich den Sitz vorrücke und das Bedürfnis verspüre, mich anzuschnallen. Zum Glück reise ich, wenn schon mit dem Zug, dann wenigstens in Begleitung, die mich erfolgreich davon abhält, laut los zu singen. Dabei wäre das durchaus reiz- und sinnvoll, da wir dann garantiert den Wagon für uns alleine hätten und somit genug Platz um bequem zu reisen.

In Zügen ist es angesagt entweder Zeitung zu lesen oder sich Kopfhörer ins Ohr zu stöpseln; selbst bei letzterem darf man nicht laut mitsingen! Während ich immer noch suchend meinen Sitz nach einem Sicherheitsgurt abtaste, kommt bereits der Schaffner zur Kontrolle vorbei. Als moderner Mensch habe ich meine Fahrkarte online gekauft und halte ihm deshalb mein Smartphone unter die Nase. Geduldig fährt er minutenlang mit seinem Scanner über den am Handy erschienenen QR-Code. Mit einem freundlichen Lächeln erklärt er mir auch, dass dies nur wegen der Spiegelung am Handy so viel Zeit in Anspruch nehme. Dabei ist die Oberfläche meines Handys so verschmiert, dass man eher die Spuren meiner Fingerabdrücke als einen QR-Code lesen kann, inklusive der Tatsache, dass ich zwischendurch Blumen umgetopft und die Fahrradkette geschmiert habe während ich mir die Fahrkarte online aufs Handy laden ließ.

Der Schaffner reicht mir also nach 10 Minuten mein Handy und fragt mich nach einem Ausweis, meiner Clubkarte, meinen Kindern, deren Ausweis, dem Hund und der Seniorenkarte. Letzteres nehme ich ihm übel. Ich hätte zwar nichts dagegen schon in Pension zu sein, aber dazu bin ich eindeutig noch zu jung, wie komme der Schaffner überhaupt auf die wahnwitzige Idee mich für so alt zu halten? – Ich habe das beim Online-Kauf meiner Fahrkarte angegeben und somit den Seniorenrabatt bekommen. Genauso wie den Studentenrabatt und auch die Familien- und Hundeermäßigung. Nun müsse ich auch alles vorweisen: Uni, Pension, Familie und Hund. Erschrocken starre ich den Schaffner an. Darum war also das Zugticket so unverschämt günstig gewesen! Ich hatte nichtsahnend alle möglichen Rabatte angegeben. Da meine Haare leider nicht studentenmäßig lang waren, meine Zähne noch alle echt und sich weder Kinder noch Hunde in greifbarer Nähe aufhielten, musste ich die Wahrheit gestehen und hielt dem Schaffner wenigstens meinen Führerschein hin. „Kann ich damit etwas anfangen?", fragte ich ihn hoffnungsvoll. Seine Antwort: „Ja, Auto fahren!"

(endlich) Urlaub!

Es gibt nichts Schöneres als Urlaub. Höchstens Darmgrippe vielleicht, wenn man Familie und kleine Kinder hat und alle in den Urlaub mitfahren.

Da ist es schon eine Herausforderung ein Ziel zu finden, dass allen alle Wünsche und Bedürfnisse erfüllt, genügend Platz bietet und zudem auch finanziell leistbar ist.

Unter letztem Gesichtspunkt betrachtet, wäre die einzige Möglichkeit ein Campingurlaub, bei dem die Großeltern Feuerholz sammeln und kochen während die Kinder den Wohn-wagen zum Urlaubsplatz ziehen. Doch wofür plagt man sich schließlich das ganze Jahr über im Job? – Für ein bis zwei Wochen blanken Wahnsinn!

Wenn Sie Single oder zumindest kinderlos sind, reisen Sie durch die Welt und genießen Sie es! Nehmen Sie Verhütungsmittel mit, je mehr, desto länger können Sie Ihren Urlaub genießen!!

Sollten Sie das Problem haben, dass hundert andere Menschen mit Ihnen gemeinsam den Urlaub verbringen möchten, buchen sie umgehend ein last-Minute-Angebot und sei es auch in die Arktis! Glauben Sie mir, es wird schön! Selbst im Schnee wird man braun und Sie werden den Zugang zum Meer ganz für sich alleine haben!

Diese Vorteile werden einem erst dann bewusst, wenn man Familie hat. Und mit Familie meine ich nicht ein bisschen Familie – also wenn es hochkommt vielleicht ein oder zwei Kinder – nein richtig FAMILIE: Kinder, Katze, Maus, Hund, Hamster, Chinchilla, Fische, Großeltern, Schwiegereltern, Urgroß(schwieger)eltern, Schwager, Schwägerinnen, Tanten, Onkel, Neffen und ein paar unbekannte Trittbrettfahrer, die sich als Verlobte bestimmter Verwandter ausgeben.

Je nach Größe der Gesellschaft reicht entweder ein älterer VW-Bus oder ein richtig großer Reisebus. Aber egal welches Beförderungsmittel Sie wählen, es wird immer vollgestopft. Und das nicht nur mit Leuten!

Die Kunst des Stopfens ist eine lange Tradition. Sie beginnt beim Kofferpacken, wo man noch schnell das Goldfischglas in die Reisetasche gibt und am Ende drauf springen muss damit sich der Reisverschluss der Tasche zu ziehen lässt. Stopfen ist eine Kunst für sich. Geschickte und erfahrene Familien-Urlauber nutzen jede Lücke im Pack-System um alle Raffinessen der Logistik auszunutzen! Im besagten Goldfischglas sind neben den Goldfischen z. B. auch die dritten Zähne sämtlicher Groß- und Urgroßeltern gut aufgehoben. Ich rate Ihnen allerdings die Zähne vorher zu beschriften, am besten sieht man die Schrift direkt am Weiß der Zähne. Das erspart Ihnen nachher umständliches Suchen, Probieren und Herumreichen.

Bargeld und Schmuck sind sicher versteckt im Hunde- und Katzenfutter. Dort sucht kein Einbrecher nach Wertsachen, nicht mal am billigsten Campingplatz! Allerdings rate ich Ihnen das Futter nochmals mit einer Gabel oder einem Sieb zu durchkämmen, bevor Sie es Ihren Vierbeinern vorsetzen. Im schlimmsten Fall müssen Sie auf den einen oder anderen Ohrring einfach ein paar Tage warten.

Hängen Sie den Verwandten, die Sie auch wieder mit nach Hause nehmen möchten ein Armbändchen mit Ihrer Campingplatzanschrift und Ihrer Telefonnummer um. Denjenigen, die Sie bei dieser Gelegenheit loswerden möchten, hängen Sie ein Preisschild um. Kinder spielen auch gerne im Sand und lieben es andere Verwandte einzugraben. Auch hier gilt die Devise: Wer nach dem Urlaub wieder mitfahren soll, muss auch wieder ausgegraben werden! Feste Regeln sind überhaupt ein Segen für alle. Zumindest sind so alle Mitfahrenden ständig beschäftigt. Sie selbst sind den ganzen Urlaub darum bemüht, den anderen die Regeln verständlich zu machen, während sich Ihre bucklige Verwandtschaft einen Sport daraus macht, möglichst jede Ihrer sorgsam aufgestellten Regeln zu durchbrechen. Machen Sie sich nichts daraus. Selbst wenn die minderjährige Nichte mit der gesamten Rettungsschwimmerbrigade bis in den Morgenstunden um die fremden Häuser zieht, der jüngste Sohn dem Großvater einen Seeigel in die Badehose steckt und Ihre Schwiegermutter mit vollem Mund konstatiert, dass Quallen nach gar nichts schmecken, bleiben Sie ruhig!

Niemand untergräbt Ihre Autorität, das sind alles nur gut gemeinte Ablenkungsmanöver um den Tapetenwechsel möglichst authentisch zu gestalten und Sie von Ihren Alltagsgedanken abzulenken. Zwischen romantischen Sonnenuntergängen und schmerzhaften Sonnenbränden schaffen Sie es jedes Jahr aufs Neue am Ende zu sagen: „Das war der beste Urlaub aller Zeiten!"

Erfolgreiche Zukunft

Unsere Kinder stehen von Geburt an unter Druck wie ein Pinguin beim Kacken. Diese possierlichen kleinen Tierchen verrichten ihre großen Geschäfte mit 6 bar, dabei würde es einen Autoreifen zerreißen, den robusten Pinguin aber nicht.

Zurück zu unseren Kindern. Von klein auf wird ihnen ein bestimmter Erfolgsdruck in die Wiege gelegt. Mütter rittern darum, welches Baby am schnellsten durchschlafen, laufen, essen, sprechen, lesen, schreiben und dividieren kann. Wer mit einem Jahr noch immer am Rücken liegt und mit seinen Zehen spielt, ist eindeutig zu langsam für diese Welt und vermutlich bereits zur Adoption freigegeben.

Heutzutage werden die Föten schon im Mutterleib gefördert. Beim Geburtsvorbereitungskurs geht es nicht mehr darum, dass sich die Eltern und das Kind auf die Geburt vorbereiten, sondern wie der Fötus mit Salto und doppeltem Rittberger im Kreissaal auf die Welt flutscht. Dabei ist es hilfreich, wenn die Mutter vorab bestimmte Yoga-Posen durch turnt und zur Förderung der frühkindlichen Intelligenz betreffend Lesen und Schreiben laut einer PISA-Studie möglichst viel Buchstabensuppe isst. Wenn der Vater einmal wöchentlich den Bauch der werdenden Mutter mit dem Wirtschaftsteil der Zeitung einreibt, steht einer normalen Karriere des Nachwuchses nichts mehr im Weg.

Direkt vom Kreissaal geht es dann in die Vor-Krabbelstube. Dabei stärken die Neugeborenen ihre sozialen Fähigkeiten. Nebeneinander gelegt, lernen sie schnell, dass derjenige, der am lautesten schreien kann und die beste Ellbogen-technik hat, im Leben mit Vorteilen bedacht ist.

Wenn die Kinder dann später den zweisprachigen Montessori-Waldkindergarten besuchen, sprechen sie nicht nur fließend Deutsch und Eichhörnisch, sie können auch problemlos 3 Tage alleine in jedem Wald überleben; sich eine kleine Villa dort bauen, mit eingebautem Fernseher und Mikrowelle und wenn sie aus dem Wald wieder herausfinden, räumen sie vor Verlassen alles wieder an seine ursprüngliche Stelle zurück.

Neben dem Kindergarten, haben die 3-Käse-Hochs noch einen straffen Terminplan: Klavierstunde (das Klavier-spielen schult die Feinmotorik und ist eine tolle Vorbereitung aufs Schreiben!), Voltagieren (hier lernen sie das Multitasking nebenbei, denn auf einem Pferd kann man ja beim Reiten weitaus mehr machen als nur zu reiten) und die wöchentlichen Gemeinschaftssitzungen zur Selbsthilfe, Selbstfindung und Burnout-Prävention. Denn präventiv und proaktiv kann man ja auf und gegen alles vorgehen. Unter diesen Voraussetzungen steht unseren Kindern eine erfolgreiche Zukunft bevor. Die Gegenwart, ihre Kindheit, kriegt leider keiner mit vor lauter Stress.

Die Wende?

Umweltschützern ist   nichts mehr recht! Jetzt sind wir schon so weit; dass unsere Kinder sowohl in den Sommer- als auch in den Winterferien einen Tag ins Freibad gehen und am Tag darauf gleich Skifahren können, weil Schnee liegt und es wird bemängelt! Das Wetter ist das ganze Jahr über so verrückt, dass die Jahreszeiten tageweise abgehalten werden. Hat es Freitag 25 Grad oder mehr, ist es ein Sommertag. Weht am Samstag stürmischer Wind, ist natürlich ein Herbsttag. Haben wir am Sonntag ein laues Lüftchen und ca. 15 Plusgrade, ist Frühling. Liegt am Montag bei minus vier Grad Schnee, ist Wintereinbruch. Wintereinbrüche kommen vorzugsweise an Montagen, da zu dieser Zeit mehr Leute was davon haben, wenn sie über Schneefahrbahnen mit ihren Autos in die Arbeit kriechen.

Wir Menschen können uns dem leicht anpassen. Ein paar Kreislaufkollapse, vom Föhn verursachte Kopfschmerzen oder witterungsbedingte Aggressionen und Depressionen bringen richtig Abwechslung in unser Leben.

Früchte haben da schon mehr Stress. Früher hatte beispielsweise eine Kirsche oder ein Apfel ordentlich Zeit sich das ganze Jahr über auf die Ernte vorzubereiten. Als Blüte hielt die Frucht in Spe sehnsüchtig Ausschau nach einer bestäubungswilligen Biene. War das geschafft, hieß es wachsen was das Zeug hält! Mit Sonne, Regen, Photosynthese und ordentlichen Bemühungen schaffte es die

Frucht schließlich innerhalb von Monaten heranzureifen. Seit sich aber von einem Tag auf den anderen Wetter und Temperatur ändern können, gibt es ein neues Wachstumskonzept auch für Früchte. „Carpe Diem" also „nutze den Tag" gilt nun für Preiselbeeren und Zwetschgen. Zwischen November und März können sie täglich als Blüte erscheinen und sich bestäuben lassen; spätestens ab Mai müssen sie wachsen auf Teufel komm raus, mit der Option sich jederzeit bei ungünstigen Bedingungen wieder in den Ast zurückzuziehen oder – bevor ein Burn out droht – sich einfach fallen zu lassen.

Klimaforscher behaupten, dass sich die Erde stetig erwärmt. Davon sind aber die Sommermonate nicht immer informiert. Entweder jagt eine Hitzewelle die andere und wir bejubeln schwitzend neue Temperaturrekorde jenseits der 40 Grad-Marke oder wir ziehen auch im Juli mit Strickjacken und Schals frierend durch die Gegend. Zumindest sind Eintönigkeit und Klischees aus den Jahreszeiten herausgenommen. Stattdessen bleibt es weltweit spannend, ob man zum Beispiel im Urlaub wirklich die gleichen klimatischen Bedingungen vorfindet, wie sie in der Buchungsanzeige beschrieben wurden. Vielleicht zieht sich demnächst ein Gletscher über den Äquator und wir treffen an den dahin schmelzenden Polen Eisbären in Bikinis an, wer weiß.

Vegan

Vegan ist in, es ist das Modewort unserer Zeit. Alle kochen, leben, lieben vegan. Neulich habe ich sogar von veganer Kosmetik gelesen. Aber welche Kuh würde schon kosmetische Produkte tragen? Alle Rindviecher sind von Natur aus schön. In der Natur ist es sogar so, dass sich eher die Männchen aufspielen, bunt und laut schreiend, während die Weibchen still wissend und unauffällig sind. Nehmen Sie z. B. Enten her. Denken Sie an den Erpel, der mit seinem blau oder grün schimmernden Kopf laut schnattert und im Gegensatz dazu an die braune Entenmutter, die ihrem Nachwuchs (welcher uninteressant grau ist) Manieren beibringt.

Bei veganen Dingen dürfen keine Tiere beteiligt sein. „**Vegan** lebende Menschen meiden entweder zumindest alle Nahrungsmittel tierischen Ursprungs oder aber jegliche Nutzung von Tieren und tierische Produkte insgesamt", definiert Wikipedia.

Genauso gut könnte man aber versuchen, ohne Kunststoff zu leben.

Auch von diesen Leuten hört man immer wieder. Sie versuchen löblicherweise ein Jahr lang ohne Kunststoff auszukommen. Schon nach 5 Stunden verfluchen die meisten diese großartige Idee, wenn sie draufkommen, dass Toilettenpapier in Plastik eingepackt ist und man kein iPhone aus Holz schnitzen kann.

Den strengen Veganern geht es dabei ähnlich. Eine Sojabohne mit Fliegenschiss drauf ist tabu. Generell sind Sojapflanzen, die durch die Bestäubung von Bienen gewachsen sind, zu verweigern. Derartiges muss zum Glück mittlerweile auf jedem Etikett der Verpackung und auf jeder Speisekarte ausgewiesen sein.

Echte Veganer sind theoretisch arme Schweine, aber das dürfen sie nicht sein. Höchstens Glückspilze. Kann man aber wahres Glück erleben, wenn man nie die Sau raus lassen darf? Oder nie mit jemandem ein Hühnchen rupfen darf?

Zugegeben, es ist ein Vorteil sich nie hundeelend zu fühlen. Aber wenn man ab und zu mal Schwein hat, freut man sich.

Eingefleischte Veganer haben nie einen Frosch im Hals und auch nie Schmetterlinge im Bauch. Sie dürfen keine Eselsbrücken verwenden und auch nicht mit den Hühnern schlafen gehen. Als friedlebende Mitmenschen führen sie auch kein Affentheater auf; weiß der Geier warum, der Veganer nicht.

Veganer haben keine Lust darauf den Bock zum Gärtner zu machen, was zudem noch sau teuer sein könnte. Aber so eine Rosskur halte ich nicht aus. Ich lasse es mir tierisch gut gehen.

Eingekocht

Kochen steht derzeit höher im Kurs als Essen. Ganze Fernsehkanäle sind voll von Kochsendungen, wo sich Starköche mit Fleisch und Gemüse duellieren. Auch Promis machen bereits mit und bewerfen sich mit Parmesan. Diese Koch-Performances werden filmlich festgehalten und im Fernsehen ausgestrahlt, damit man das zu Hause nachmachen kann. Das findet sogar so großen Anklang, dass sich Leute scharenweise zu Kochkursen anmelden. Selbst „personal Köche" kann man schon mieten. Figurbewusste Yuppies buchen einen Single-Kochkurs und werfen das Produkt dieses Kurses in den Mülleimer, in der Hoffnung, dass die gute Figur erhalten bleibt und einen weiteren, möglichst gut aussehenden Single dieses Kochkurses anzieht. Fest steht, dass sich Gegensätze anziehen – so wie Magersucht und Kochkurs.

Aber ganz so hirnverbrannt scheint die Idee gar nicht zu sein. Essen muss früher oder später mal jeder. Kochen zu können ist das Zeichen dafür, dass man sich und seinen Partner theoretisch gut versorgen könnte, also stehen laut Evolution die Chancen gut, dass man auf einem Kochkurs die Liebe seines Lebens findet. Auch wenn man mit Kohlsuppe und Cordon Bleu nichts am Hut hat.

Kochkurse sind mittlerweile ernsthafte Konkurrenzunternehmen zu Partnervermittlungen. Dabei kann man sich auch auf spezielle Richtungen konzentrieren, je nachdem welche Spezialitäten man von seinem Traumpartner erwartet.

Soll er oder sie Tierliebhaber sein, geht man am besten in einen Kochkurs für Hunde- oder Katzenkekse. Oder auch in einen vegetarischen Kochkurs.

Will man einfach nur einen süßen Menschen finden, empfiehlt sich der Besuch eines Zuckerbäcker-Kurses.

Wem dies alles Wurst ist, der kann auch zum nächsten Würstelstand gehen.

Rede und Antwort

Wenn jemand jemandem anderen gegenübersteht oder mehrere Leute beisammen sind, einer dieser Menschen spricht und ein anderer etwas erwidert, so kann man dieses System mehrmals wiederholen. Man nennt das dann „Gespräch". D. h. die Leute kommunizieren direkt miteinander und reihen dabei meist halbwegs sinnvoll zusammenpassende Wortgruppen aneinander.

Dieses System scheint aber nicht in unserer Natur zu liegen, denn wir verlernen es zusehends. Sicherlich sind daran unter anderem auch die Facebook-Daumen schuld, die durch einen Klick gleich ein ganzes selbst verfasstes Kompliment ersetzen. Oder einfach mit der Antwort „Daumen runter" eine unangenehme Kritik ersparen. (Was aber eventuell für die betreffende Person, gefühlvoll und richtig formuliert, wertvolles Feedback hätte sein können.) Auch durch die kleinen Bilder am Smartphone, brauchen wir gar nicht mehr richtig zu telefonieren, sondern überlassen es dem Gesichtsausdruck eines Smileys mitzuteilen, wie es uns gerade geht. Oder wir schicken ein Buchstaben-Kürzel. Ich muss gestehen, ich habe 4 Jahre gebraucht um zu entziffern, was „glg" heißt. „lg" (= „liebe Grüße") war mir bekannt, „mfG" (= „mit freundlichen Grüßen") auch. „glg" habe ich jahrelang als Ausdruck des glucksenden Lachens interpretiert, also so was wie „haha!". Ich vermutete, dass „haha!" ein zu langer

Ausdruck war und stattdessen das „glg" als Ersatz verwendet wurde. Vielleicht gibt es eine Person, die so lacht, dass es sich wie „glg" anhört. Goofy von Mickey Maus zum Beispiel. In Wahrheit geht es bei „glg" aber nicht um Goofy, sondern um „ganz liebe Grüße".

Haben wir Kommunikationsprobleme, weil es nicht von der Natur vorgesehen ist, dass wir miteinander reden? Bei Tieren funktioniert das gut, alle Tiere einer Rasse können sich verständigen, egal wo sie her sind. Eine Biene teilt einer anderen Biene alles Wichtige durch Tanzen mit. Amerikanische, europäische und afrikanische Bienen können sich so auf die gleiche Art unterhalten. Amerikaner, Europäer und Afrikaner tanzen im Gegensatz nicht einmal standardmäßig gleich!

Wie hat der Steinzeitmensch kommuniziert? Hat er das überhaupt? Eines steht fest: Handy gab es zu der Zeit noch nicht. Vielleicht hat der Ur-Mensch eine Nachricht in einen Stein geritzt und diesen Stein dann als „SMS" Richtung Empfänger geschossen. Funktionierte das erste „Short Message Service" vielleicht nach dem Prinzip „Stein Mensch Stein"? Waren Buschtrommeln die Vorgänger von iTunes? Wie hat sich der erste Steinzeitmensch mit seiner Frau unterhalten? Musste er das überhaupt?

Fragen, bei der sich sogar die Wissenschaft schwer tut. Fest steht, dass die Ehen früher länger gehalten haben. Man vermutet, dass der Steinzeitmensch bis an sein Lebensende verheiratet war. Das funktionierte einerseits deshalb, weil der Neandertaler seiner Frau etwas zu grunzte, sie es völlig anders auffasste und daraufhin genauso missverständlich zurückgrunzte. Die beiden hatten nie auch nur ansatzweise eine Ahnung was der andere eigentlich gesagt hatte.

Andererseits lag die Lebenserwartung bei den Steinzeitmenschen bei ca. vierzig Jahren. Wenn also einer der beiden erst nach dem Studium geheiratet hat, war die Ehe noch kürzer.

Im steinzeitlichen Ur-Wirtshaus war aber von Anfang an alles klar. Hier hat sich an der Verständigung bis heute nichts geändert. Jedes Grunzen wird hier automatisch richtig interpretiert, selbst wenn es noch so gelallt wird. Verstehen Wirten die Menschen besser als die eigenen Ehepartner? Warum? Haben Wirten ein besseres Gehör? Oder ist es besser gar nicht zuzuhören? Diese Fragen bleiben bis heute ein ungeklärtes Mysterium...

Schmerzfrei

Unsere beiden Kater sind Masochisten. Mit Vorliebe reiben sie sich an allen Kanten, die sie irgendwo im Haus finden können und als zusätzlichen Reiz laufen sie uns bei jeder Gelegenheit zwischen den Beinen umher. Wahrscheinlich würde es ihnen eine Freude machen, wenn wir sie zertreten würden. Anders kann ich mir das nicht erklären. Vermutlich sind Katzen Tiere indianischen Ursprungs und spüren keinen Schmerz. Sie zeigen dies uns Menschen, indem sie mit Ecken und Kanten kuscheln, nach dem Motto: „Ätsch Mensch, das kannst du nicht, aber ich, denn ich bin nämlich schmerzfrei!" Wenn sie könnten, würden sie uns auch noch eine lange Nase drehen. Nur weil es dabei jede Katze auf die Schnauze hauen würde, tun sie es nicht. Trotzdem sind diese Tiere meine Vorbilder: Sie sind schmerzfrei! Das will ich auch sein! Das brauche ich! Das braucht jeder Mensch!

Zum Beispiel beim Zahnarzt! Wenn Sie schmerzfrei wären, dürfte Ihnen der Zahnarzt auch die Frage stellen: „Darf's ein bisserl mehr sein?". Es tut ja in der Regel zwei Mal weh, einmal beim Bohren und einmal beim Zahlen. Wenn Sie schmerzfrei sind, kann Ihnen kein Zahnarzt der Welt etwas anhaben!

Oder sämtliche Beamten der Welt! Die leben übrigens alle in Österreich. Es ist das letzte Beamtenasyl auf der Erde. In

Österreich können sich die Beamten aller Länder verstecken und die einheimische Bevölkerung piesaken. Aber als schmerzfreier Mensch drehen Sie mit süffisantem Grinsen den Spieß um und bringen selbst jeden pragmatisierten Pseudo-Angestellten zum Weinen. Egal, ob Sie einen neuen Reisepass benötigen, bei der Sozialversicherung den Verlust Ihrer e-Card melden oder bei der Auskunft nur eine Auskunft einholen wollen. Das schier unergründliche Universum der Vorschriften und Formulare lässt sich viel leichter bewältigen, wenn man dabei schmerzfrei ist.

Auto

Es ist des neumodernen Menschen liebstes Spielzeug, vor allem, wenn es das erste im eigenen Besitz ist: Das Auto!

Ich hatte strenggenommen noch nicht einmal eines als ich bereits erste, anormale Erfahrungen damit sammelte.

Schon mein Fahrlehrer beglückwünschte mich zum Führerschein mit den Worten: „Bei dir wird bald ein Blechschaden fällig". Das Gefühl hatte ich auch selbst in den Fahrstunden. Offiziell schob ich meinen zweiten Antritt zur Fahrprüfung darauf hin, dass ich einmal mit Sekt und dazugehörigen Gläser ausgerüstet in die Theoriestunde kam, weil ich an diesem denkwürdigen Tag meinen 18. Geburtstag feierte. Mit allen anwesenden Mitschülern der Fahrschule versteht sich. Das Entsetzen der Fahrschulleitung konnte ich gar nicht verstehen, wo ich doch genügend Sekt für alle dabei hatte!

Aber Schwamm drüber, meinen Schein hatte ich! Fehlte nur noch ein Auto. Als schmarotzender Maturant, habe ich diese Auffälligkeit mit meinen Eltern besprochen und erhielt daraufhin die Erlaubnis, mit ihrem Zweitwagen fahren zu dürfen.

An dieser Stelle muss ich erwähnen, dass ein Toyota, selbst wenn er noch so klein ist, nicht umzubringen ist.

Und bei Gott, ich habe es versucht! Zwar nicht mit Absicht, aber die erste versehentliche Attacke gegen das Auto geschah, als ich mit Freunden eine heimliche, weitaus weiter entfernte, Spritztour als geplant unternahm und dabei versehentlich den Zündschlüssel im Auto einsperrte.

Stellen Sie sich die Situation vor: In einer Zeit, als die Welt noch schwarz-weiß war, es noch keine Handys, dafür aber kleine Stifte an den Innenseiten der Autotüren zum Absperren desselben gab, ließ ich die Schlüssel im Auto stecken und versperrte alles bombenfest! Zum Glück sind wir zu einem Fußballspiel gefahren, wo jede Menge hilfsbereiter Menschen versuchte in das Auto einzubrechen. Einer spendete einen schwarz-weißen Kleiderbügel aus Draht, mit dem wir unser Einbrecherglück versuchten. Sogar alle 22 Fußballspieler kratzten mit dem Kleiderbügel an der Innentür des Toyotas, nachdem wir eine Fensterscheibe gewaltsam einen Spalt herunter drücken konnten. Erst der Schiedsrichter (in schwarz-weiß gehalten) hatte Erfolg!

Meine Eltern glaubten jahrelang an die Geschichte mit dem bösen Nachbarshund, der die Innentür des Toyotas zerkratzt hatte.

Aber frohen Mutes bei diesem Missgeschick mit heiler Haut und heilem Auto davon gekommen zu sein, ging die nächste Spritztour noch weiter. Und sogar ohne Zwischenfälle wieder zurück! Voller Liebe und Dankbarkeit machte ich mich daran mein tapferes Pferd der Neuzeit (obwohl es mir gar nicht gehörte) zu waschen. Dazu fuhr ich auf den dem Parkplatz nächstgelegendsten geeigneten Ort – ein 2m entfernter Abstellplatz. Ich wusch das Auto mit Hingabe, entfernte alle Fliegen am Kühler und wollte nach Vollendung meines Werkes auf den Parkplatz - 2m entfernt - zurückfahren. Der Toyota aber streikte. Ein unmotiviertes „Klick-geh-doch-von-jetzt-ab-zu-Fuß!" war das einzige Geräusch, was der Toyota von sich gab!

Verzweifelt rannte ich zur nächsten, schwarz-weißen Telefonzelle um mir vom Mechaniker meines Vertrauens eine Ferndiagnose erstellen zu lassen. Doch der wusste auch keinen Rat, außer sich den angeblich toten Toyota selbst anzusehen. Toyota sterben nie!

Als der Mechaniker selbst hinterm Steuer saß und mit dem Zündschlüssel nur ein leises Keuchen aus dem Fahrzeug herausholen konnte, zog auch er überrascht die Augenbrauen hoch. „Du…", begann er, „du, wo bist du mit dem Prachtstück hingefahren?" – Ich zählte daraufhin auf, wo wir überall an diesem Tag Schönes erlebt hatten. „Wie viele Kilometer?" „460!", antwortete ich stolz. „Und wann hast du das letzte Mal getankt?" – „Gar nicht, ist das Vehikel nicht sparsam?"

Als ich gelernt hatte, dass man Autos nicht austrocknen lassen darf (selbst einen kleinen Toyota nicht), wollte ich dem Beförderungsmittel ein neues Radio einbauen. Viele meiner Bekannten hatten massige Subwoofer an allen 4 Innenecken, sodass sie zwar selbst nichts mehr sehen konnten, sich dafür aber ihre Autos von selbst bewegten, sobald sie die Musik laut genug stellten.

Mein bescheidenes Ziel, ein Radio einzubauen, erreichte ich im Grunde. Das Sonderbare daran war nur, dass es lauter wurde, sobald ich die Heizung aufdrehte und leiser, wenn ich die Lüftung auf „kalt" stellte. Falls Ihnen also in der farblosen Vorzeit mal im Winter ein kleiner Starlett entgegengekommen ist, mit irrer Lautstärke beim Radio, wissen Sie wer und warum.

Zusatzstoffe

Dank des technischen Fortschrittes gibt es heutzutage kaum ein Gerät, das nur seine eigentliche Funktion erfüllt. Das wäre doch viel zu wenig! „3 in 1", „5 in 7", „6 aus 45" – beim Konsumieren muss man zuerst Mathematik studiert haben um herauszufinden, welches nun das beste Produkt ist!

Liebe Leser, an dieser Stelle kann ich Ihnen helfen! Das beste Produkt ist das, welches am meisten kann! Egal was. Egal ob Sie das auch alles benötigen. Hauptsache Ihr Produkt kann sehr, sehr viel! Verlassen Sie sich darauf!

Autos können z. B. selbständig einparken. Am eingebauten Boardcomputer sehen Sie nicht nur die Außentemperatur und die Wettervorhersage von morgen, Sie können sich auf der Fahrt auch noch Ihre persönliche MP4-Playlist zusammenstellen und dabei Karaoke singen. Die Liedertexte werden zusammen mit dem Weg am Navigationsgerät angezeigt, welches in der Windschutzscheibe integriert ist. Dass die Windschutzscheibe beheizt ist, versteht sich von selbst, so können Sie die heißesten Songs singen! Beheizbar und einzeln auf jedes Zehntel-Grad einstellbar sind auch die Außenspiegel, der Rückspielgel, die Scheibenwischer, die Radkappen, der Auspuff, die Sitze, die Armlehnen, das Lenkrad und die Pedale. Sie können Ihren Fahrersitz in Ihren privaten Wellnessbereich umwandeln, indem Sie ihn tiefer- und Ihre Beine höher legen. Aus dem MP4 Player kommen auf Wunsch auch Naturklänge und ihr Abblendlicht kann sich farblich Ihrer Stimmung anpassen.

Aber nicht alleine die Technik hat aufgerüstet, überall finden Sie Dinge mit Zusatzstoffen für Ihren Zusatznutzen!

Werfen Sie doch einmal einen Blick in Ihren Geschirrspüler! Geschirrspülertabs sind mittlerweile die Schweizer Taschenmesser der Tellerreinigung geworden! In den unscheinbaren bröseligen Tabletten verbergen sich bis zu 17 Funktionen! Das ist deutlich mehr als Sie in jedem Geschirrspüler brauchen können! Vermutlich gehören Sie auch noch zu denjenigen, die das Geschirr nach dem Spülen selbst aus dem Gerät in die Kästen räumen. Dabei wäre das z. B. eine der „17 in 1"-Funktionen! Ihr Geschirr räumt sich, nachdem es vom richtigen Spüler-Tab bearbeitet wurde, von selbst in die Kästen!

Nicht nur unsere Teller werden mit Multifunktionen konfrontiert, auch die Nahrungsmittel, die drauf liegen. Speisen und Getränken werden Vitamine, Koffeine, Spurenelemente, und Farbstoffe zugesetzt. So macht uns das Essen nicht mehr nur satt und zufrieden, es gibt uns sogar noch den extra-Kick, der uns munter und unser Leben bunter macht! Konservierungsstoffe halten uns ewig jung und sorgen dafür, dass auch wir selbst am Friedhof nicht verwesen, nach dem Motto: „Forever here!".

Ein Segen ist auch die figurformende Funktionswäsche! Das heißt dass diese Kleidung uns nicht nur warm hält und gefällt, nein, sie drückt auch unförmige Körperteile zurecht! Verspüren Sie allerdings solchen Druck, dass Sie nicht mehr Luft holen können, besorgen Sie sich *atmungsaktive,* figurformende Wäsche! Denn wenn Sie keine Luft mehr bekommen, übernimmt diesen Job die atmungsaktive Wäsche!

Viel, mehr, am meisten

Viele wissen nicht mehr, was Ihnen am meisten bedeutet. Fest steht, dass es uns scheinbar ein großes Bedürfnis ist, mehr als die anderen zu besitzen. Egal was, Hauptsache wir stehen besser da als derjenige neben uns.

Es beginnt schon in dem Alter in dem wir fähig sind uns auf die Zehenspitzen zu stellen und dem Kind daneben eines auf die Mütze zu geben. So sind wir größer, das andere Kind kleiner. Passt. Ziel erreicht.

Später müssen wir das größere Auto schneller fahren als alle anderen. So finden wir den/die Partner/in, der/die größer ist, besser aussieht und auch möglichst gut verdient. Aber nicht so gut wie wir. Den besten Job haben wir selbst und scheffeln dabei das meiste Geld. Da wir nicht mit ständig geöffneter Brieftasche herumlaufen und uns auch keinen Kontoauszug auf die Stirn kleben, müssen wir anders öffentlich ersichtlich machen, dass wir die besten Verdiener sind. Also bauen wir uns ein modernes, teures Haus, stellen davor noch eine zweite Limousine, dahinter einen Pool. Auf unserem allerneuersten iPhone zeigen wir als letzte und vernichtende Beweise unseres Reichtums und unserer scheinbaren Intelligenz Fotos unserer Traumurlaube aus aller Welt her. Darauf sind auch unsere hübschen und intelligenten Kinder zu sehen, wie sie brav in die Kamera lächeln. Wir tun für unsere Kinder doch alles, kein Spielzeug, kein Feriencamp, kein Hobby ist unseren kleinen Wonneproppen zu teuer. Gut, dass man auch ihre Namen ins iPhone einspeichern kann, man kann schließlich nicht alles im Kopf behalten und hat auch wichtigere Dinge zu tun.

Ver)irren ist menschlich

Geht man von „ver"irren und „herum"irren aus, so bin ich mehr als menschlich. Ich finde nicht mal den Weg einen Berg hinunter und muss aufpassen, dass ich dabei nicht ver-sehentlich den Berg aufsteige.

Beim Skifahren finde ich die Piste nicht, sause wahllos bergab, schlage dabei eine Schneise in den Wald, mitten durch eine Futterkrippe für Rehe durch, bewältige mehr oder weniger elegant eine Buckelpiste, springe über das Dach einer Skihütte und halte mich am Ende an die Lifttrasse um den Spuren der Zivilisation zu folgen und zu derselben wieder zurückzukehren.

Um ins Hotel wieder zurückzukehren benötigen ich und meine Freunde, die meinem Beispiel gefolgt sind, allerdings den Bus in dem wir, entgegen den anderen Fahrgästen, mit Skianzug, Helm, Brille und der etwas sperrigen Skiausrüstung stehen und zurück zum Hotel fahren. Wir sind die falsche Seite des Berges runter gefahren und müssen daher noch einmal halb um den Berg herum.

Aber das Verirren beherrsche ich zu jeder Jahres- bzw. Tages- und Nachtzeit. Viele sind der Meinung, dass man sich z. B. auf einer Autobahn nicht verirren kann. – Weit gefehlt! Ich als Profi in diesen Dingen fahre mitunter schon mal auf die verkehrte Autobahn auf, sodass ich generell in eine andere Richtung fahre als ich glaube. Gerade als ich mir ein neues Bild von Österreich zusammengestellt habe, stehe ich vor vollendete Tatsachen und einem Schild mit Aufschrift: „Achtung Staatsgrenze!". Ja, im Auto gehe ich bis an die Grenzen! Manchmal übernachte ich dort, wenn mir nicht nur die Orientierung, sondern auch der Sprit ausgegangen ist.

Um das Risiko des sich-Verfahrens einzuschränken, bin ich auch schon öfter vom Auto auf das Fahrrad umgestiegen. Ich genoss es, durch die Landschaft zu streifen! Nicht nur die Straße war mein Revier, auch Wälder und Auen lernte ich kennen, zumindest bis zu den Punkten, wo ich vor Abgründen stand, an denen ich mein Fahrrad hinunter tragen musste.

Auch zu Fuß ging es mir nicht besser. Ich bin ein Mensch, der sich freuen und beglückwünschen kann, wenn er den direkten Weg über eine Straße findet. Macht nichts, denn auch zu Hause ist es schön!

Lieferland

Wir leben im wahrsten Sinne des Wortes in einem Lieferland. Egal ob es sich um Schuhe, Pizza, Möbel, Kleidung oder Haustiere handelt – wir bekommen alles was wir wollen direkt nach Hause geliefert. - Und dürfen dabei nach Herzenslust schreien vor Glück!

Der Bestellwahnsinn greift langsam aber sicher um sich. Kein Wunder, haben wir so die Möglichkeit 24 Stunden am Tag, 7 Tage in der Woche staufrei, ohne Parkgebühren und Strafzettel bezahlen zu müssen, einzukaufen.

Zusätzlich wird es auch im Internet immer lustvoller wie wir unser Geld loswerden können. Je nachdem wofür wir uns interessieren, es poppen so lange entsprechende Werbefenster dazu auf, bis wir das leidige Ding endlich bestellt haben. Der Klügere gibt schließlich nach und bekommt es geliefert.

Die „Paketmafia" freut sich. Lieferdienste florieren, Konsumenten freuen sich über den Service nichts mehr selbst nach Hause tragen zu müssen.

Vom „Coffee to go" den man nach Hause bestellt, um dann mit diesem Pappbecher rauszugehen und sich mit Freunden zu treffen bis hin zur ganzen Wohnungseinrichtung wird bereits alles heimgebracht.

Mit Staunen habe ich einen Lieferanten dabei beobachtet, wie er aus seinem Fahrzeug eine ganze in Paketen verschnürte Einrichtung einer Kleinwohnung herauszog und im 5. Stock eines Wohnhauses vor der Türe abstellte. Das sah aus als würde Mary Poppins endlich Ihre Tasche entrümpeln.

Der Empfänger der Pakete bedankte sich und kletterte über die Lieferung um sie dem fleißigen Zusteller zu quittieren. Ich klopfte dem Mann anerkennend auf die Schulter und meinte: „Na, dann ist ja wohl Feierabend für heute!". Dieser sah mich an, als wäre ich ein dreiköpfiges Huhn und erwiderte: „Nein, nein, ich hab´ ja noch das Auto voll!" – Wäre ich an seiner Stelle, hätte ich die Nase voll!

Man soll den Tag nicht vor dem Vortragsabend loben!

Nirgendwo langweilt man sich gesellschaftlich höherrangiger als auf einem Vortragsabend. Statt den Abend lustig im Freundeskreis zu verbringen oder gemütlich vor dem Fernseher zu verschlafen, kann man sich auch in kulturtaugliches Gewand zwingen und den einschläfernden Worten eines Vortragenden zuhören. Jawohl, die Herkunftsgeschichte tibetanischer Meerschweinchen eignet sich hervorragend als Einschlafmittel, sollten Sie derartige Probleme haben! Allerdings haben Sie beim Vortragsabend das Problem, dass Sie trotzdem noch nach Hause müssen, selbst wenn Sie eingeschlafen sind.

Dafür werden Sie beim Vortragsabend bestens unterhalten. – Nicht etwa durch den oder die Vortragenden, sondern vielmehr durch das anwesende Publikum. Die Inhalte des Abends betrachten Sie am besten als Nebeneffekte wo Sie manchmal etwas dazu lernen können.

Ich durfte mal – aus beruflichen Gründen – einem Lachseminar beiwohnen. Sie fragen sich nun bestimmt, welch armseliger Beruf ein Lachseminar erfordert. Nichtsdestotrotz wurde mir dort gleichzeitig mit 250 anderen Personen das zwanghaft gekünstelte Lachen gelehrt. Wussten Sie, dass man sich aufs Lachen am besten so vorbereitet wie auf die Geburt eines Kindes? Und dass man idealerweise auch genauso stoßweise atmen sollte vorher?

Nun, ich wusste das vorher nicht und hatte daher ungesunder Weise Lachkrämpfe wie Spontangeburten, aber es ging mir immer gut dabei. Ich habe mich früher bevor ich einen Witz gehört habe auch niemals mit einem bewusst ausgesprochenen: „Ha, ha, HA, HA, HAAAAA!" aufgewärmt, dennoch hat es geklappt – ich konnte über die meisten Witze herzhaft lachen.

Auch beim abendlichen Lachseminar musste ich lachen. Die Vortragende hatte es tatsächlich geschafft, ihr Publikum für die lächerlichsten Übungen zu motivieren. Stellen Sie sich über 250 Leute vor, die laut stoßweise „HA, HA, HA!" und „HE, HE, HE!", hecheln! Als ob die Staatsoper einen neuen Superstar suchen würde. Nach den weiteren Übungen „sich gegenseitig auf die Schenkel klopfen" und „Freudentränen waagrecht verschleudern" lag ich vor lauter lachen unter meinem Stuhl.

Mein Sitznachbar war indessen gut eingeschlafen. Ich brachte ihn mit einem Lächeln nach Hause.

Erfahren

Viele Menschen wünschen sich die ewige Jugend. Scheinbar haben sie ein Problem mit dem Alter. Dabei wird z. B. ein Wein mit dem Alter besser. Er „reift" heran wie eine Frucht. Zugegeben, Früchte werden alt, schrumpelig und wurmstichig. Aber wir Menschen schrumpeln nicht nur oder kriegen einen Stich, wir reifen doch auch und werden dabei immer erfahrener!

Ein kluger Mensch hat mir daraufhin erklärt, dass man von Autos „erfahren" wird und dass das nichts Erstrebenswertes sei.

Ich denke, dass man dann eine Erfahrung reicher ist und sich über das Altern und Schrumpeln als „Erfahrener" garantiert keine Sorgen mehr machen muss. – Alles im Leben hat eben zwei Seiten!

Wer alt ist, muss nicht mehr arbeiten gehen und bekommt trotzdem Geld. Im Alter muss man sich auch nicht mehr an alles erinnern und nicht mehr alles hören. Dafür hat jeder Verständnis. Dank der Senilen Bettflucht hat man mehr vom Tag, schade nur, dass er wahrscheinlich langweiliger abläuft.

Während man früher leichtfüßig durch Wälder und Parks gejoggt ist, wird der Gang zur Toilette mit dem Rollator zur neuen morgendlichen Herausforderung. Dem gesunden

Frühstück mit Kaffee weicht die Morgentablette mit Wasser.

Anstatt mit Biss in die Arbeit zu fahren, suchen wir unsere Dritten, die wir schließlich mit der 9.00-Uhr Tablette gleich aus unserem Kukident-Glas aufsaugen.

Wie lange sich ein Vormittag wirklich ziehen kann, erkennen wir erst am Fernsehprogramm, wenn wir bei den Wiederholungen der Wiederholungen bereits mitsprechen können. Aber sonst fehlen uns ja die Ansprechpersonen. Mit 50+ und 60+ waren wir froh, wenn wir um unsere Meinung zu einer Telefonumfrage gebeten wurden. Bei dieser Gelegenheit konnten wir noch von unseren tollen Erlebnissen aus früheren Zeiten erzählen!

Aber seit 80+ sind wir aus fast jeder Zielgruppe herausgewachsen, nur mehr Bestattungsinstitute und Notare rufen an. Die Schwänke, die man aus dem eigenen Leben erzählt, werden auch immer kürzer und manchmal vergessen wir mittendrin die Pointe. Wir sind stolz, wenn wir selbst die Einkäufe erledigen können und noch stolzer, wenn wir damit auch wieder nach Hause finden. Sich den eigenen Namen, die Namen und Gesichter der Familienangehörigen zu merken, wird vermutlich zur Hauptaufgabe. Aber wollen wir das wirklich so genau erfahren wie es ist erfahren zu sein?

Die Tücke der Technik

Als die Menschen vor hundert Jahren dachten, die industrielle Revolution sei ein massiver, schneller Fortschritt, hatten sie keine Ahnung, was da noch kommen würde.

Sie besitzen ein Smartphone, vielleicht sogar ein iPhone mit dem Sie theoretisch alles zu Hause steuern könnten? Sehr gut, werfen Sie es weg, ab morgen gibt es eine neue Version, die Sie zusätzlich noch in die Arbeit fährt und wieder sicher nach Hause bringt!

Was aber unsere Telefone alles können, wissen wir zum Teil gar nicht. Also ich bestimmt nicht, denn ich ließ mir von meinen Kindern zeigen, wie man damit telefoniert. Die Katze hat mir SMS-schreiben darauf beigebracht und da ich überzeugt bin, ein Wunderwerk der Technik zu besitzen, das auch bestimmt lästige Hausarbeiten wie bügeln, staubsaugen oder Geschirr spülen erledigen kann, ist für mich die Versuchung groß, mein Smartphone einmal in die volle Spüle zu werfen und abzuwarten, was passiert.

Bügeln war nicht ganz der durchschlagende Erfolg, als ich mit dem Gerät über die Wäsche wischte, meldeten sich tausend Bekannte und wir mussten stundenlang reden.

Beim Staubsaugen hat es mich ebenso nicht überzeugt. Etwas Staub blieb am Handy haften, als ich es auf den

Teppich legte. Allerdings wurde es dort um ein Haar auch zertreten.

Dafür kann ich damit immer und überall ins Internet einsteigen, dort shoppen, googeln und Dinge erfahren, die mich eigentlich gar nicht interessieren und die ich auch wieder vergesse. Ich kann ja jederzeit wieder auf Google ein-steigen.

Noch besser als Google ist YouTube, da sehe ich wie man Milch durch die Nase trinkt, wie hässlich tanzen sein kann und wie man seinen Hund erfolgreich als Spinne verkleidet. Ein Segen für die Menschheit!

Ebenso hilfreich und teilweise sinnfrei sind Social Medien wie Facebook, Instagramm oder What´s App. Niemand kann dem Drang Unsinniges zu posten, mailen oder im Chat loszuwerden, auf Dauer widerstehen. Daher darf man sich nicht wundern, wenn man Mitteilungen wie „esse schpageddi" oder „war mit dem hund gassi" (inklusive einem Selfie vom Mitteiler, seinem Hund und dessen Produkt beim Gassi-Machen) erhält.

Die Welt kann scheinbar nicht mehr ohne solche Mitteilungen leben, wie konnte sie es vorher? Ging es uns wirklich gut als wir das Gassi-Häufchen des Nachbarhundes noch nicht sahen und mit unseren 800 Freunden teilen konnten? Wussten wir damals überhaupt was los war? Und was in Mode war? Wie haben wir uns selbst definiert und mitgeteilt? Dienten die Wählscheiben und Viertelanschlüsse aus grauer Vorzeit der Stärkung unserer Zeigefinger und der mentalen Vorbereitung darauf, dass auch ein Verbindungsaufbau ins Netz manchmal dauern kann?

Mein Zeigefinger ist leider nicht nur gestärkt, sondern auch viel zu fett für Mitteilungen am Handy. Diese dünnen pseudo-Kugelschreiber, mit denen man wichtig auf seinem Smartphone herumhacken kann und die ein kleines Vermögen kosten, verliere ich ständig. Vermutlich ziehe ich damit eine Spur wie Hänsel und Gretel mit den Brotbröseln. Am Ende bleibt mir doch nur noch mein zu großer Zeigefinger um am Handy was zu schreiben. Das Zehnfingersystem ist selbst auf meinem großen (Senioren) Handy nicht denkbar, dabei würde höchstens eine frei ins Schwedische übersetzte Mitteilung herauskommen. (ös fajnvadkhl avs! ☺) Aber auch mit meinem einzelnen Zeigefinger verändern sich manche Wörter: Weil mein Finger breiter ist als die fiktiven Handytasten erlauben, wird aus „Foto" „Fiti", aus „Bussi" „Bissi", aus „gemma" (dt. „gehen wir") „Koma" (Bewusstlosigkeit), aus „Katz'" „kotz", aus „wir" „wer".

Da verzichte ich auf die schnelle Handy-Mitteilung und starte meinen neues Netbook, das mir nach dem Start folgende Meldung anzeigt:

„Nachdem Update 55 von 55 abgeschlossen ist, folgt Phase 1 von 5, die die Updates konfiguriert und zu 30% abgeschlossen ist. – Schalten Sie den Computer nicht aus!"

Ich weiß zwar nicht genau was das bedeutet, erfahrungsgemäß ist mir aber bekannt, dass in diesem Fall das Hochfahren des Computers länger dauert. Ich will mein treues Gerät nicht stressen, lasse ihm die nötige Zeit, steige derweil ins Auto und fahre zu meinen Freunden. Meine Mitteilung überbringe ich persönlich, da weiß ich, dass die richtigen Worte an der richtigen Stelle ankommen.

Verbindlichst

Montag, 20.15 Uhr:

Das Handy läutet, niemand hebt ab.

Dienstag, 19.00 Uhr:

Ich rufe zurück.

Da ab 20.00 Uhr bei uns normalerweise „Anruf-Annahme-Stopp" ist und ich niemanden kenne, der mich nach acht Uhr abends anruft, ist meine Neugier geweckt und ich beschließe, mich bei dem Anrufer zu melden. Da ich allerdings den ganzen Tag beschäftigt war und noch dazu vergesslich bin, erledige ich das erst am Abend des nächsten Tages. Ich habe zwar die Rufnummer im Handy gespeichert, aber zu dieser Nummer fällt mir keine Person ein. Folglich habe ich keine Ahnung mit wem ich es zu tun haben würde, aber damit mein Gesprächspartner gleich von Beginn an weiß, mit wem er es zu tun hat, setze ich meine tiefste und harscheste Stimme auf. Als am anderen Ende der Leitung ein „Hallo?" erklingt, grunze ich: „Sie haben mich angerufen? Warum so spät?!" Damit ist alles klar. Zumindest aus meiner Sicht.

Mein Gesprächspartner ist scheinbar anderer Ansicht und fragt nochmals: „Hallo? Kennen wir uns?" – „Offensichtlich nicht! Rufen Sie mich nicht mehr so spät an!!" brülle ich entrüstet über so viel Begriffsstutzigkeit.

Dienstag 19.45 Uhr

Mein Handy läutet, zu sehen ist die unbekannte Nummer von vorhin.

Der Anrufer verteidigt sich sofort: „Es war scheinbar die falsche Nummer, tut mir leid!"

Ja, meine harsche Stimme wirkt oft Wunder und so beruhige ich ihn nun, dass ja nichts Schlimmes passiert sei und jeder einmal falsch verbunden sein kann.

Mittwoch 14,00 Uhr

Mein Handy klingelt und zeigt dabei die Montags- bzw. Dienstagsrufnummer an.

Anrufer: „Hallo, ich bin´s. Bist du Lisa?"

Ich: „Lisa bin ich nicht und war ich auch am Montag nicht."

Anrufer: „Dann warst du auf der Hochzeit?"

Ich: „Nein."

Anrufer: „Aus welchem Bundesland bist du?"

Ich: „Oberösterreich. Kann ich bei der Fragerei was gewinnen? Worum geht es?"

Anrufer: „Und du bist sicher nicht Lisa?"

Ich: „Nein, definitiv. Das lässt sich nicht ändern."

Anrufer: „Macht eh nichts. Kennst du Lisa?"

Ich: „Nein."

Anrufer: „Und warum habe ich dann deine Nummer?"

Ich: „Das weiß ich auch nicht."

Anrufer: „Bist du von ´Versteckter Spaß´ oder so was?"

Ich: „Nein ich bin normal (und frage mich still was man im Allgemeinen wohl darunter versteht). Ich bin von keiner Sendung, aber ich finde es spaßig."

Anrufer: „Ja, ich finde das auch lustig. Komisch, dass es deine Nummer gibt. Falls du Lisa triffst, richte ihr schöne Grüße aus!"

Ich frage gar nicht nach dem Namen das Anrufers und wünsche ihm einfach nur verbindlichst einen schönen Abend.

Karrieregeil

Unsere Kater liegen oft herum wie alte, vergessene Socken. Cool wie eine Gurke breitet sich Speedy, alias Vladimir Citronella Klitschko, auf zwei Drittel der Eckbank in der Küche aus, während sich der Rest der Familie morgens herum stresst, um pünktlich in den Schul- und Arbeitsstätten zu erscheinen. Wir lernen, streben, arbeiten, hetzen und wetzen um – ja wozu eigentlich? Wofür ist das gut?

Speedy scheint höchstens von dem Ehrgeiz zerfressen zu sein, am besten ausgeschlafen zu sein. Vielleicht betrachtet er sein Tun auch als „schönheits-schlafen" und möchte das schönste Mitglied der Familie sein. Auf alle Fälle trägt er diese Bürde gelassen und scheint es sogar zu genießen. Die Zufriedenheit, die dieser Kater bei all seiner Faulheit ausstrahlt, macht mich stutzig. Ist sein Weg etwa der bessere Weg?

Mit dieser Frage beschäftigt, gehe ich durch den Tag und versuche alles aus der Perspektive eines Katers zu betrachten. Macht es wirklich Sinn die eigenen Kinder morgens unter Stress in Krabbelstube, Kindergarten und Volksschule zu verteilen, damit frau selbst nebenbei noch Karriere machen kann? Gut, um die Volksschule kommt kein Kind herum; ab einem gewissen Alter ist auch der

Besuch des Kindergartens schön und lustig, aber die Mutter-Kind-Beziehung?

Unser Kater würde sich den morgendlichen Stress nicht antun und sich auch nicht in Stöckelschuhe und Kostüm zwängen, um andere zu beeindrucken. Gemütlich würde er sich ausschlafen, während seine kleinen Katzenkinder auf ihm herumturnen. Danach würde er sich liebevoll um sie kümmern bis es Zeit fürs allgemeine Mittagsschläfchen ist.

Während Kater und Katzenkinder also in die zweite Runde Schlaf gehen, sind wir karrieregeilen Menschen viel zu beschäftigt um zu Mittag zu essen. Irgendetwas Schnelles wird zwar nicht wahrgenommen, aber mit Kaffee herunter gespült. Wer einen gesunden „Lifestyle" betreibt, hat gerade püriertes Gemüse herunter geschluckt und walkt eine Runde ums Büro, damit die Mittagspause mit Frischluft gesegnet ist und man dem Nachmittagswahnsinn stand hält.

Der Kater frisst zwei Mal am Tag, der Mensch entweder gar nicht oder ständig aus Chips- und Kekstüten. Abends geht das Tier nochmals nach draußen, wir versumpfen entweder auf der Couch vor dem Fernseher oder in einem Wirtshaus, damit wir mit einem Kater nach Hause kommen!

Frei!

Frei sein! Das ist der Wunsch jedes Lebewesens auf der Erde! Der Drang nach Freiheit treibt Küken aus den Eiern und Hunde bei jedem Sauwetter nach draußen. Er lässt die Midlife Crisis entstehen und in Folge ellenlanges Haar im Fahrtwind einer Harley Davidson flattern.

Um die Freiheit anzulocken, haben ihr die New Yorker sogar eine eigene Statue gebaut. Höher als ein Wolkenkratzer, ein Hilfeschrei der Menschheit, ähnlich dem S.O.S. Zeichen eines Schiffbrüchigen auf einer verlassenen Insel. Ob die Freiheit ihre Statue jemals bemerken wird und auch dorthin kommt? Oder schaffen es die Menschen doch irgendwann selbst draufzukommen, dass Freiheit zuerst in den eigenen Köpfen entstehen muss, um gelebt werden zu können?

Wir behaften alles mit dem Stempel „Pflicht" und Pflichten dürfen naturgemäß keinen Spaß machen, sie müssen nur erledigt werden. Das beginnt schon mit dem Aufstehen. Wir sind der Meinung, wir müssen früh aufstehen um für uns wichtige Erledigungen unterzubringen bevor wir dann rechtzeitig in der Schule oder der Arbeit erscheinen. Die Wahrheit ist, wir müssen nicht. Wir können uns auch ausschlafen, zu spät kommen und mit den Konsequenzen leben. Aber wollen wir das? Welches Übel ist geringer, was scheint uns angenehmer? Wir sind frei in dieser

Entscheidung! Obwohl es uns nicht wirklich bewusst ist, können wir gleich nach dem Aufwachen unsere erste Entscheidung frei wählen!

Dieses System zieht sich durch den ganzen Tag. Haben Sie es einmal durchschaut, können Sie es zu Ihrem Vorteil nutzen!

Wählen Sie, ob Sie mit Ihrem Hund Gassi gehen oder nicht. Im letzten Fall rechnen Sie damit, dass Ihr Hund sein Geschäft in der Wohnung hinterlässt und fragen Sie sich, wie es Ihnen dabei ginge. Sehen Sie die Hausarbeit einmal nicht als lästige Pflicht, sondern freuen Sie sich im Vorfeld schon auf das, was Sie damit bewirken: saubere, aufgeräumte Zimmer; eine gemütliche Wohnung! Sie können in Ruhe jeden Bereich in Ihrem Leben hinterfragen, ob dieser für Sie noch so passt oder nicht bzw. was für Möglichkeiten zur Verbesserung es gibt. Nach dem Motto: frei und willig!

Umgefragt

„Wer nicht fragt, bleibt dumm", heißt es in einem Lied zu einer mittlerweile alten Kinder-sendung. Die Kinder, die sich diese Sendung angesehen und das Lied zu oft gehört haben, sind inzwischen erwachsen geworden und fragen ständig.

Das Fragen macht sie nicht klüger, aber reicher. Ja, Sie lesen richtig! Mit Fragen kann man Geld verdienen! Wichtig ist dabei, dass man möglichst vielen Leuten damit auf die Nerven geht und die Ergebnisse anschließend in Statistiken gießt.

Statistiken stellen eine Meinung für diejenigen dar, die selbst keine haben, aber von den Meinungen der anderen leben. Ein gutes Beispiel hierfür sind Politiker. Selbst haben sie keinen besonderen Antrieb was zu bewegen, also geben sie Umfragen in Auftrag um zu erfahren, was das Volk bewegt. Schwupp – schon können Politiker die größten Reden zu den unserer Meinung nach besten Veränderungen schwingen!

Auch Unternehmen bedienen sich Meinungsumfragen, um zu erfahren, welche ihrer Produkte gut ankommen und was sich die Leute wünschen. Umfragen werden auch gemacht um herauszufinden, wie sich die Mitarbeiter an-stellen. Wenn sie den Kundenmeinungen entsprechen, entsprechen sie auch der Meinung des Unternehmens.

Von der Seite des Befragten betrachtet, sind Meinungs-umfragen heutzutage keine Ausnahme mehr, sondern harter Alltagsstress. Kaum hat man das Haus verlassen, wird man auf der Straße angesprochen und um seine Meinung zu irgendeinem nebensächlichen Thema befragt. In der Arbeit wird man am PC zur Mitarbeiterbefragung aufgefordert und glaubt man sich zu Hause in Sicherheit vor weiteren kursierenden Umfragen, so hat man sich grob getäuscht, denn da geht es erst richtig los!

In vier von drei Newslettern wird man um seine Meinung gefragt. Wenn man etwas übers Internet bestellt hat, kommen pro Bestellung drei Mails mit Fragebögen; die Themen lauten in etwa: „Wir haben Ihre Bestellung versandt! – Ist sie bei Ihnen angekommen?" – „Waren Sie zufrieden mit uns?" – „Was können Sie noch alles kaufen..?"

Im wahrsten Sinne des Wortes heimtückisch sind auch Telefonumfragen. Da ich zu dem immer kleiner werdenden Kreise der Menschen zähle die einen Festnetzanschluss besitzen und diesen auch noch im öffentlichen Telefon-buch herzeigen, rufen unter der Festnetznummer aus-schließlich Unbekannte an, die meine Meinung wissen wollen. Sie versprechen mir, dass es nur ein paar Minuten dauern werde. Aber ich weiß, dass ich diese Minuten meines Lebens nie wieder zurück bekomme! Folglich ver-suche ich mein Leid zu verkürzen und meinem Gesprächs-partner gleich am Anfang klar zu machen, dass ich keine

Lust auf meine Meinung zum Thema „Zölibat bei Wellensittichen", „Fernsehverhalten von Stubenfliegen" oder „der Erkältungswahrscheinlichkeit von Nacktschnecken" habe. Probleme hatte ich dabei nur einmal, als ich eines lauen, verschnupften Frühlingsabends ein „If abe kein Intereffe!", ins Telefon näselte. Zugegeben, bei der Erkältung die ich hatte, konnte ich mich gerade mal mit meinen engsten Freunden, die mich in- und auswendig kannten, pantomimisch verständigen. Meine Anruferin beeindruckte dies überhaupt nicht. Sie wiederholte ihre Frage und beharrte darauf, dass es sich um eine kurzweilige Umfrage von nur wenigen Minuten handeln würde. Außerdem wäre meine Meinung zur Schwanzlänge der Peruanischen Pudel von Bedeutung. (Für wen?)

Ich wiederholte, dass ich kein Interesse an dieser Umfrage hätte. Was sich aber beim zweiten Mal auch nicht besser anhörte als beim ersten Versuch. Schön langsam dämmerte meiner Gesprächspartnerin, dass sie von mir keine Antworten zu ihren Fragen bekommen würde. Misstrauisch erkundigte sie sich nun: „Spreche ich mit einem Erwachsenen?" Was sollte ich darauf antworten? Mir wurden im Laufe meines Lebens mehrfach dumme Fragen gestellt, aber bei dieser fühlte ich mich „umgefragt"!

Lemminge

Ich wäre kein guter Lemming. Diese possierlichen kleinen Tierchen sind ja bekannt dafür, dass sie sich zehntausenderweise über Klippen ins Meer stürzen.

Ich als Lemming würde wahrscheinlich nicht lange den anderen nachlaufen, sondern bei der ersten Gelegenheit vom Weg abkommen. Links und rechts die Welt erkunden um mich am Ende am Klippenrand aufzustellen und die Aussicht zu genießen. Für einen Lemming wäre ich nicht geeignet.

Man schreibt ja jedem Tier bestimmte Eigenschaften zu. Anhand der Tiere mit denen man sich identifizieren kann, kann man dann Rückschlüsse auf den eigenen Charakter ziehen.

Ich wäre eher eine Kakerlake. Die Biester sind zäh und vorzugsweise mit ihren Freunden in südlichen Ländern zu finden. Dort entwickeln sie sich auch prächtig, sodass sie richtig Größe erlangen. Kakerlaken würden auch einen Atomangriff überstehen; soviel zu deren Widerstandskraft.

Ameisen sind nicht unbedingt hübscher, aber stärker. Sie sind auch gute Teamplayer, aber keine verwegenen Pioniere.

Stiere können dank ihrer Hörner und ihres Körperbaues überall stur durch. Wenn ein wilder Stier auf einen zurast, fragt keiner mehr nach, warum das so ist, was der Stier wohl will und ob er es sich eventuell noch anders überlegt. Sobald man den Stier mit den gesengten Hörnern auf einem zutraben sieht, heißt es „handeln!" nicht „diskutieren". Das ist eine klare Ansage.

Das Gegenteil sind die Kuschelkätzchen, die sich überall anschmiegen. Katzen sind aber ehrlich und voller Charakter, sodass sie sich zu nichts überreden lassen, was sie nicht wirklich wollen, sprich: Eine Katze hat einen eigenen Willen!

Im Gegensatz zu Hunden. Denen kann man willensmäßig fast alles aufzwingen. So wie sie treu, geschickt, gelehrig und verlässlich sind, überlassen Hunde freudig schwanzwedelnd jede Entscheidung ihrem Besitzer.

Fliegen sind der Luxus der Evolution. Wozu sie wirklich auf der Welt sind, weiß kein Mensch. Manche Naturwissenschaftler behaupten, Fliegen seien nur da um uns zu ärgern und in unseren Suppen herum zu schwimmen. Andere meinen, sie dienen als Froschfutter. Was auch immer stimmen mag, einen echten Nutzen konnte man Fliegen bisher noch nicht nachweisen. Auffällig ist nur, dass sie sich um Dreck vermehrt aufhalten und selbst nur solche produzieren. Daher stellt sich die Frage: Sind Fliegen unnütz oder die intelligente Spezies, die auch ohne Aufgabe ihr Leben genießt?

Wellness

Dass es uns gutgeht ist bereits so selbstverständlich, dass wir schon nach Höherem streben, es soll uns „well" gehen. Gut, die Engländer sprechen von „well" im gleichen Sinn wie wir „ääääääh" sagen; es hat also nicht wirklich was zu bedeuten.

Aber alle Dinge, die nichts aussagen, lassen Spielraum für freie Interpretationen zu. Das regt nicht nur die Fantasie, sondern auch wieder mal die Kauflust der Leute an.

Wellness-Nudeln zum Beispiel fühlen sich im Körper einfach besser an. Diese Nudeln sind nicht nur aus biologischem Anbau, sie sind sogar einzeln handgemacht und rechtsgedreht! Nach jeder Nudel kann es einem nur besser gehen! Passend dazu gibt es die Wellness-Tomaten-Sauce mit Bio-Basilikum und als Dessert ein Wellness-Jogurt. Je nach Geschmack trinkt man dazu entweder Wellness-Tee oder Wellness-Säfte. Normales Leitungswasser ist zu ordinär und komplett out! Es wirkt schließlich schlichtweg nur gegen den Durst und hat sonst keine Zusatzfunktion. Man kann damit nicht einmal in der Öffentlichkeit angeben!

Zeitschriften, Fernsehspots und Produkte diktieren uns unseren Lebensstil. Sie geben uns vor, was wir nicht brauchen, aber trotzdem unbedingt haben müssen, damit wir dem Zeitgeist unserer Gesellschaft entsprechen oder kurz gesagt uns „well" fühlen dürfen. Das ist die einfache Formel! Damit auch unmissverständlich für jeden klar ist, was er kaufen soll – egal ob notwendig oder nicht – tragen diese wichtigen, neuen Produkte „Indianische Namen". Ich bewundere es immer wieder wie die Produktdesigner es schaffen, den ganzen Namen auf den Krempel drucken zu lassen, denn gerade die kleinen Alltagsdinge haben, um uns klare Richtlinien im Leben zu geben, meterlange Namen.

Beispiele dafür sind der „Fühl-dich-wohl-Tee" und das „Guten-Morgen-Müsli". - Essen Sie es niemals abends! Keiner hat das bisher ausprobiert, denn keiner kennt die Folgen was dann passiert!

Nicht nur bei den Lebensmitteln finden wir versteckte Anweisungen, mein Lieblings-Wellness-Produkt ist das „Anti-Platt-Shampoo". Voller Euphorie benutzte ich es jeden Tag, bis ich feststellen musste, dass mich, obwohl ich dieses Shampoo benutzte, trotzdem Leute problemlos platt machen konnten und ich von manch anderer, blöder Idee selbst kurzfristig platt war. Alles nur Humbug. Denn wäre Geschirrspülmittel wirklich fettlösend, könnten wir zuerst hemmungslos schlemmen und dann ein Bad in Geschirrspülmittel nehmen. Kein Mensch hätte jemals ein Figurproblem!

Wellnesszeitschriften und Wellnessurlaube lasse ich gelten, aber ich habe Zweifel, dass es einen Wellness-Parkettboden ernsthaft gibt! Ich kann es mir nur so erklären, dass man sich wohler fühlt, wenn man einen Parkettboden verlegt, statt auf dem nackten Estrich herumzulaufen. Besonders wenn man Nachwuchs bekommt, soll sich das Kleinkind beim Krabbeln nicht Hände und Knie aufschürfen, wenn es das Wohnzimmer erkundet. So betrachtet macht Parkett-Wellness Sinn. Estrich alleine würde zwar reichen, ist aber weit nicht so komfortabel.

Lasst uns kaufen!

Der Wirtschaft geht es schlecht, weil der Konsument zu wenig konsumiert. Auf gut Deutsch: Jeder soll mehr kaufen, dann geht es der Wirtschaft (und uns) besser. Das Problem beim Kaufen sind allerdings die Verkäufer. Anstatt die Ware dem Kunden schmackhaft zu machen, lassen sich die meisten Verkäufer gar nicht blicken, sondern verkriechen sich entweder in die Kaffeeküche oder ins finsterste Eck des Verkaufsraumes um möglichst gut getarnt den peinlichen Fragen der Kunden zu entgehen.

Manche Verkäufer denken sich: „Angriff ist die beste Verteidigung!", und werfen sich sprichwörtlich zwischen Kunde und Ware. Während der Öffnungszeiten sind sie akribisch bemüht, Regale ein-, aus- und um zu schlichten. Möchte man als Kunde sehen, was es in diesem Laden zu kaufen gibt, muss man sich das Werbeprospekt ansehen, denn in Natura bekommt man es nur eingepackt auf Palettenwagen zu Gesicht. Auch näher ans Regal herantreten hilft nichts, da in diesem Fall der Verkäufer bestimmt dazwischen geht und geheimnisvoll seine Ware herum schlichtet. Was verkauft wird, wird also nicht verraten und man kann es sich auch nicht nehmen, weil die Gänge voll mit diesen mysteriösen Palettenwagen sind.

Eine Zeit lang dachte ich, es handelte sich bei den betroffenen Geschäften um Briefkasten-Drogeriemärkte oder Briefkasten-Supermärkte, die gar nicht zum Ziel haben, wirklich etwas zu verkaufen, sondern aus irgendwelchen sonstigen Gründen existieren. Zum Beispiel nur aus steuerlichen Vorteilen, dass ein Fleck Wiese bebaut ist oder dass auf versteckte Weise die Arbeitslosenrate vermeintlich gesenkt wird durch Pseudo-Personal. Wer weiß.

Selbst für den Fall, dass ein Verkäufer einen Moment unachtsam war und Sie in so einem Briefkasten-Geschäft wirklich ein Ding aus einem Regal ziehen konnten, Sie können es gar nicht bezahlen, weil die Verkäufer schlichtweg ignorieren, dass Sie an der Kasse warten!

Auf der anderen Seite gibt es Motivationsbemühungen der Geschäftsführung, Unternehmensberater und Verkaufstrainer, die jedem Verkäufer in stundenweiser Kleinarbeit raten, die Kunden zu bedienen; wenn es irgendwie geht, freundlich. Doch die wahrhaftigen Verkäufer sind immun dagegen. Somit bleiben der Wirtschaft nur zwei Möglichkeiten sich zu regenerieren: Internetshops und Kunden, die sich selbst beraten und die Waren von den Palettenwägen verkaufen.

Der tägliche Mist

Hat man den Einkauf geschafft und seine „Beute" auch erfolgreich nach Hause gebracht, gilt es, alles wieder loszuwerden. Damit man bei der nächsten sich auftuenden Gelegenheit wieder einkaufen kann. Das ist das Prinzip unserer Gesellschaft. So wächst die Wirtschaft und so wachsen auch die Müllberge. Egal ob Lebensmittel, Kleidung, Handy, Fernseher,…Hauptsache wir kaufen und werfen weg um erneut was zu kaufen!

Ich wurde zu einer Zeit geboren, da entsorgte man jeden Müll in ein und derselben Tonne. Diejenigen, die damals schon verunsichert waren, ob sie die richtige Mülltonne wählen würden, warfen ihren Abfall vorsichtshalber in die Landschaft. – Etwas, das ich nicht verstand. Heute habe ich Verständnis dafür, gibt es doch eine Vielzahl von Möglichkeiten wo unser Mist genau landen sollte. Ja, es ist geradezu eine Wissenschaft geworden, in wie viele Teile wir unbrauchbares Zeug zerlegen können und wo wir diese Teile dann in Folge hingeben. Unter dem Gedanken „Mülltrennung" entwickeln wir beim Entsorgen mittlerweile sogar das Gefühl, etwas Gutes für unsere Umwelt zu tun! Dabei ist dieser Spaß gar nicht so einfach, erfordert es doch eine Menge an komplexen Gedankengängen um mit dem Mist ökologisch gesehen richtig fertig zu werden!

Nehmen wir als Beispiel einen simplen Teebeutel. So lange er noch nicht benutzt ist, stellt er kein Problem dar, weil wir ihn noch nicht wegwerfen, ergo auch nicht trennen müssen. Wurde der Teebeutel aber mal mit heißem Wasser aufgebrüht, geht es schon los! Zuerst streifen wir den Beutel sorgfältig aus, damit wir das restliche Wasser herausfiltern. Jedes Kind weiß auch, dass das kleine Papierchen mit der aufgemalten Teesorte drauf ins Altpapier gehört. Schwieriger ist schon die nächste Frage: Gehört der Faden der das Papierchen mit dem Teebeutel verbunden hat zum Biomüll oder zur Altkleidersammlung? Eine „Fadentonne" gibt es schließlich noch nicht. Aus humanitären Gründen habe ich den Faden bisher immer aufgerollt und unmittelbar in der nächsten Altkleidersammlung (zumindest als möglichen Teil eines Kleidungsstückes) abgegeben. Ich habe da keine Kosten und Mühen gescheut und mir über den CO2-Verbrauch beim Fadenentsorgen noch nie Gedanken gemacht.

Die echte gemeine Falle beim gebrauchten Teebeutel ist aber ein winzig kleines, unscheinbares Teilchen! Viele Leute meinen nun könne man den restlichen Teebeutel einfach in den Biomüll geben. Tonne auf, Beutel rein, Tonne zu, Fall erledigt.

Um Himmels Willen – NEIN!! Solche Umweltsünden passierten mir früher als Unwissende ebenfalls! Doch nun weiß ich mit dem Problemstoff Teebeutel fachgerecht umzugehen!

Das unscheinbare Teilchen, das viele schlichtweg übersehen, ist die Metallklammer, die den Beutel verschließt.

Schweißen Sie die Klammer auf oder nehmen sie eine Metallsäge, damit Sie dieses Teil vom Beutel trennen! Sie können die beiden Klammerteilchen – sofern es sich nicht um eine Bimetall-Klammer handelt – nun in der „Metall"-Kiste im nahegelegenen Altstoffsammelzentrum entsorgen. Hier ein Tipp, sozusagen von Umweltprofi zu Umweltprofi: Legen Sie sich eine eigene Kiste für Ihre Metallklammern zu. Pro Kilogramm Alteisen können Sie am Schwarzmarkt ein kleines Vermögen verdienen und sich Ihren nächsten Urlaub finanzieren!

Aber zurück zu unserem Teebeutel. Nun geht es ans Eingemachte. Die Beutelnähte vorsichtig mit einem spitzen Messer auftrennen. Beutel entleeren, in der Waschmaschine bei 30° Handwäsche, dann schleudern, nicht in den Trockner, leicht bügeln, wegwerfen.

Die Kräuter trennen, trocknen und anschließend in den Salat streuen, rauchen oder dem eigenen Meerschweinchen geben. Fertig. Prost. Mahlzeit.

Alle sparen

Das Gegenteil von Einkaufen und Geld ausgeben ist Geld sparen. Natürlich kann man auch beim Einkaufen sparen; wenn man z. B. 6 Packungen kauft und nur 5 ½ zahlen muss.

Allerdings kann man auch Geld sparen, indem man es gar nicht aus der Brieftasche, noch besser gar nicht aus der Bank nimmt. Doch was wird bei der Bank aus dem Geld? Weiß man das? Bekannt ist, dass die Zinsen so niedrig sind, dass mir mein Berater zuletzt zur Geldanlage einen doppelten Obstler angeboten hat. „Hat 37,5% garantiert und die Welt schaut nach 3 Gläsern anders aus! Ab 6 Gläser siehst du dein Geld zweifach!!", so die kompetenten Worte des Fachmannes. Wirklich flüssig zu bleiben ist heutzutage schwierig. Manchmal werfe ich alle guten Spargedanken wieder weg und das Geld dann doch zum Fenster raus. Z. B. für Katzenfutter. Bevor mein schwer verdientes Geld die Inflation frisst, frisst es lieber die Katz!

Dabei gäbe es in Punkto sparen massenweise Vorbilder! Jeder größere Betrieb lebt es uns doch täglich vor! Mit gutem Beispiel gehen die Konzerne voran und sparen Personal! Gleich in hunderter- und tausender-Packungen werden Leute entlassen! Das ist schlau, denn das Personal ist das teuerste an der Arbeit. Der kleine Mann soll sich was schämen, dass er überhaupt Geld nimmt für seine Leistung! Immerhin ist er ja viele und es kostet somit der

Wirtschaft jährlich gewaltige Summen diese Gehälter zu versteuern und die verbleibenden mageren Reste auszuzahlen! Man könnte von jedem so viel Anstand erwarten, dass er für „seine" Firma Tag und Nacht entgeltlos und begeistert zur Verfügung steht und nur dann zum Schlafen nach Hause geht, wenn im Betrieb nichts los ist und Überstunden abgebaut werden können, sofern sie nicht auf Kulanz entfallen. Aber hierzu spare ich mir jegliche weitere Kommentare…

Wer hat den Durchblick?

Da ich blind wie ein Maulwurf bin, freue ich mich besonders über alle möglichen Sehbehelfe und nutze diese auch. Das heißt, ich trage entweder Kontaktlinsen oder eine Brille. Das ist notwendig, denn sonst könnte ich nur durch Abtasten erkennen, was in meiner Umgebung passiert. (Stellen Sie sich vor, Sie müssten jede Straße vor dem Überqueren abtasten. Dann rechnen Sie sich die Chancen aus, wie viele Straßen Sie wohl in Ihrem Leben überqueren werden!)

Auch die treueste und tapferste Brille wird einmal alt, verbogen, verbeult, verkratzt und von der Stärke unpassend. In so einem Fall muss einfach ein neues Gerät her, selbst wenn der Augenarzt meines Vertrauens, der Meinung sei, dass ich die Brille sowieso nur zu Hause trage und dass ich die eigene Wohnung wohl kennen werde. – Recht hatte er, aber Eitelkeit und Starrsinn trieben mich trotzdem zu einem Termin bei einer namhaften Optiker-kette.

Da stand ich, im heiligen Gral der schlecht Sehenden und bewunderte hunderte von Brillenfassungen. Ich konnte sie sogar einzeln genau studieren, denn ich musste einige Zeit warten, bis ich bedient wurde. Das Warten wurde immerhin mit einem Lächeln einer jungen Angestellten be-lohnt, die mich nach dem Grund meines Erscheinens fragte. „Ich habe einen Termin bei Ihrer Kollegin", gab ich zur Auskunft. Dieser Satz brachte mir ein weiteres Lächeln und eine weitere Viertelstunde „ bitte-Geduld-haben-mögen" ein.

Diesmal durfte ich aber, für Fortgeschrittene, weiter hinten warten, vor den Kammern wo die Sehstärke der Kunden gemessen wird. Beides ist nicht schlimm: warten und Sehstärke messen. Es tut auch keines von beidem Weh, beim Augenarzt oder Optiker hört man wirklich selten Kunden vor Schmerzen schreien. Und auch beim Warten will ich mich nicht beschweren, denn wer immer ausnahmslos überall pünktlich war, werfe den ersten Stein….

Während ich vor mich hin meditierte, gingen die Türen der Sehstärke-Kammern auf und zu. Angestellte verließen mit Kunden im Schlepptau die Kammern oder wieselten dorthin. Die Kunden grüßten ausnahmslos, manche Angestellten grüßten auch. Zumindest signalisierten sie mir, dass sie mich wahrgenommen hatten, wenn auch mit dem selben Blick, den eine Anakonda auf ihr nächstes Beuteopfer wirft.

Eine dieser vorbeigehenden Anakondas sprach mich sogar an: „Sie haben einen Termin für Kontaktlinsen?", fragte sie mich. „Für eine Brille", verbesserte ich freundlich. „Für Kontaktlinsen!" flötete mir die Anakonda bestimmt zurück. Ich wiederholte dafür meinen Spruch, nun leicht genervt. Die Anakonda beharrte auf Ihre Bemerkung, diesmal mit eisigem Unterton und dazu passendem Blick. Wir starrten uns an wie Billy the Kid und der Sheriff, beide die Augen zu schmalen Schlitzen verengt. Bevor ich aber einen Colt oder ähnliches ziehen konnte, fing sich die Anakonda, schüttelte sich und bot mir in ihrer sanftesten Frühlingsstimme einen Sitzplatz an. Ich lehnte dankend ab. Worauf sich die Anakonda wieder schlagartig verfinsterte und aus schmalen Lippen hervor presste: „Setzen Sie sich, diese Sitze sind zum Sitzen für unsere Kunden da!" Der Inhalt ihrer Botschaft war nun keine Überraschung für mich, ich dachte mir bereits vorher, dass die Möbel diesen Zweck hatten. Dass man sich als Kunde dieser Brillenkette aber unbedingt darauf setzen muss, damit einen die Angestellten nicht an die Gurgel gehen, das war mir neu. Wir spielten nämlich auch den „sitzen oder stehen"- Dialog ähnlich wie den mit „Kontaktlinse oder Brille" mehrmals durch. Um aber von der angestellten Anakonda nicht aufgefressen oder erwürgt zu werden, ergriff ich lieber die Flucht durch die Vordertüre. Meine neue Brille bekam ich prompt und widerspruchslos vom Optiker zwei Türen weiter, die hatten den Durchblick!

Renovieren mit Harry

Sturm „Harry" hat sich angekündigt und wütet tatsächlich in unseren Landen. Zu Harrys Sturmgetöse fügen sich rhythmisch elegante Stemmgeräusche aus unserer Wohnung: Wir renovieren unser Badezimmer.

Aus einer ursprünglich auf 2-3 Tage geschätzten Aktion ist ein wochenlanges Vergnügen geworden. Stemmspaß sorgt für den nötigen Ausgleich zu Hause nach Dienstschluss, beim Herunterklopfen der Fliesen werden wir eingehüllt in die Staubwolke des Glücks. Alles nur Ansichtssache.

Ich weiß gar nicht, warum ich mich jahrelang gegen eine Badrenovierung gewehrt hatte, wo man doch so viel davon hat. Neben Dreck, Schmutz und der fehlenden Möglichkeit sich unter hygienischen Bedingungen ordentlich sauber zu machen, profitiert jeder Mensch ungemein von so einer Situation: Das Familienleben ist harmonisch wie noch nie. Frust kennen wir praktisch gar nicht mehr. Einerseits, weil unser altes Badezimmer, welches scheinbar wasserdurchlässig wie ein Sieb war, uns bereits viele Enttäuschungen des Lebens vorgeführt hat. Ursprünglich hatten wir vor, nur ein paar kleine, nette Veränderungen vorzunehmen und alles gründlichst zu putzen. Als wir eine undichte Stelle bemerkten, wo aus der Duschwanne Wasser ins Gemäuer eindrang, waren wir immer noch frohen Mutes. Als uns aber dann beim Versuch das Waschbecken auszutauschen, eine Fliesenwand entgegen bröselte, nahmen wir die Kriegserklärung unseres Badezimmers an. Seitdem herrscht ein gewisser Ausnahmezustand, der aber auch seine Vorteile hat. Wir ärgern uns nicht mehr über unser Badezimmer, wir ärgern uns überhaupt nie nicht mehr.

Sollte es trotzdem mal vorkommen, dass jemand schlecht gelaunt nach Hause kommt, darf er im Bad ein paar Fliesen herunter reißen. Unsere Nachbarn schicken uns sogar schon ihre Kinder vorbei, damit diese 1-2 Stunden mit einer Hiliti in unserem Bad herum stemmen um ihr ADSH in den Griff zu bekommen. ADSH ist das sogenannte „Aufmerksamkeitsdefizitsyndrom" (schreibt man scheinbar mit einem sehr stummen „H" irgendwo). Aber es funktioniert. Wir fallen ja selbst jeden Abend erledigt in unsere Betten, haben nicht mehr die Energie und auch nicht die nötige Ruhe im Haus um sich ordentlich anzuschreien.

In der Nachbarschaft haben wir durch diese Form der Kinderbetreuung bereits großes Ansehen errungen und die Mundpropaganda trägt das Wissen um unser vortreffliches Kinderbeschäftigungsprogramm weiter. Auch fremde Kinder dürfen nun stemmen. Nach einem kleinen Hilti-Einführungskurs und einer Gebühr von € 30,00 pro angefangener halber Stunde dürfen alle kleinen Racker rackern.

Wir haben inzwischen vom Erlös ein Nebengebäude mit einem neuen Badezimmer darin errichtet. Zum Duschen,

Zähne putzen oder Hände waschen verlassen wir unser Haus und gehen einfach ins Nebengebäude.

Weil dieser Tage Sturm „Harry" durchs Land pfeift, habe ich die Kinder und Erwachsenen, die das Stemmen bei uns online gebucht haben, mit dem Auto abgeholt und wieder nach Hause gebracht. Als ich das letzte Kind dreckig, aber glücklich bei seinen Eltern abgeliefert hatte, fuhr ich an einer Autowaschanlage vorbei. Weil mein PKW ebenso dreckig war, gönnte ich ihm eine Lanzenwäsche. Der Hochdruckreiniger gab zwar sein Bestes, doch Sturm „Harry" blies mir Wasser, Autoshampoo und zum Abschluss auch eine versiegelnde Wachsschicht statt aufs Auto selbst drauf. Wenn man sein Fahrzeug mit einem Hochdruckgerät bei Sturm reinigen möchte, erlebt man dieses Phänomen. Doch „Harry" hatte mir hierdurch gezeigt, dass wir im Grunde gar kein Badezimmer benötigen, es geht alles in einer Autowaschanlage und Zeit spart man obendrein! Somit können wir auch unser zweites Badezimmer zum Abbruch freigeben und noch mehr Geld verdienen!

Alkohol

Ich scheine an einer Nahrungsmittelunverträglichkeit zu leiden. Je mehr Alkohol ich zu mir nehme, desto weniger vertrage ich ihn. Während ich mich nach zwei Gläschen Wein mit roten Wangen, leuchtenden Augen und stillem, aber dafür umso breiterem Grinsen zurückhalte, damit niemand bemerkt wie schwindlig mir ist, bewundere ich oft andere wie sie mühelos literweise Bier, Wein, Schnaps oder Undefinierbares in sich hinein kippen. Dabei laufen die Leute auch noch zu einer philosophischen Hochform auf, wie es sie selten gibt. Außer in einem Wirtshaus. Hier gibt es für jede Lebenslage das passende Problem und eine adäquate Menge Alkohol dazu. Auf besonderen Wunsch und gegen Zahlung einer Lokalrunde, sind auch unmittelbar Gleichgesinnte für Sie da!

Sie können Probleme und deren Lösungen auch gleich im Paket an der Bar Ihres Vertrauens bekämpfen: Gefragt sind derzeit die Pakete „Arbeitsfrust" und „miese Gesamtsituation", gefolgt von dem Package „Gattin schöntrinken" welches sich aber an die Dauer der Beziehung zu gleichnamiger orientiert und daher vom dazu benötigten, empfohlenen Alkoholkonsum im Einzelfall schwanken kann. Ein Foto der Gattin ist zur Einschätzung der Alkoholmenge sicherlich hilfreich, schützt aber nicht vor der Gefahr, dass Sie möglicherweise Ihre versoffene Hälfte doppelt sehen!

Die Angebote „Politikverdruss durch Alkohol verdrängen"
und „Meine Probleme mit dem Rasenmäher auf
Alkoholbasis gelöst" werden aufgrund der geringen
Nachfrage aus dem Programm genommen. Ernstzu-
nehmende Politik gibt es mittlerweile ebenso wenig wie
Rasenmäher, die man selbst anschieben muss.

Mit Hilfe von Alkohol scheinen sich Schwierigkeiten
wirklich leichter zu lösen. Die Probleme, die dabei
entstehen, erkennt man im befuselten Zustand noch nicht.
Das heißt, man befindet sich in einem Zwischenstadium
der Glückseligkeit und dem Gefühl in der momentanen
Sekunde alles im Griff zu haben. – Was ja auch stimmt, nur
kann es mit steigendem Alkoholspielgel jede Sekunde
anders aussehen. Erfahrene Alkoholiker wissen das und
sind daher ständig auf der Suche nach der „perfekten
Welle". Viele schaffen das auch. Sie sollten Seminare und
Alkoholstunden für den Nachwuchs geben, die glauben,
dass man durchs „Koma-Saufen" zur „Happy Hour" kommt.
Stattdessen geht es direkt ins Krankenhaus, mit Glück ohne
weitere Nebenwirkungen. Der Erstkontakt mit Alkohol
kann zwar heftig ausfallen, aber bitte nicht so heftig, dass
er einen bleibenden Eindruck im Leben hinterlässt! Gerade
die Jugend hat noch lange genug Zeit zu trinken!

Die perfekte Welle

Der Mensch als Rudeltier neigt dazu bei jährlich wiederkehrenden Großveranstaltungen automatisch mitzumachen. Z. B. bei einer Grippewelle. Dann stehen ganze Klassenzimmer leer und die Lehrer freuen sich über die Ruhe im Raum bevor sie selbst krank werden.

In den Büros wird um die Wette gehustet und genießt; hier ist Krankenstand das verpönte Eingeständnis, dass man ein Weichei ist. Es geht vielmehr darum, im perfekten erbärmlichen Zustand herumzuschleichen und dabei die höchste Körpertemperatur zu erreichen. Erst wenn die eigene Nase mehr leuchtet als die von Rudolf dem Rentier hat man sich den Titel „Opfer des Monats" verdient. – Krank ist das in jedem Fall!

Kindergartenkinder haben wiederrum ein eigenes Ketten-System: Ein Kind beginnt mit der Erkältungswelle, hustet das nächste an und bleibt dann selbst krank zu Hause. Der Nächste ist aber bereits angesteckt, hustet seinen Virus weiter, damit auch er am darauffolgenden Morgen daheim bleiben darf und so weiter. Das ist wie fangen und ab-schlagen und funktioniert prächtig.

Manche Erwachsene leiden so theatralisch, dass man meinen könnte sie sterben an ihrer Erkältung, manche sterben, weil sie eine Grippe herunter spielen. Jeder hält es also anders.

Zum Glück bin ich selten bei einer Grippewelle dabei, letztes Mal hat aber meine ganze Familie geschlossen mitgemacht, inklusive aller niesenden und hustenden Katzen und Fische. Irgendwie schufen wir uns zu der Zeit eine eigene Atmosphäre im Haus. Bei gedämpftem Licht und gedämpften Kräutern zog ein süßlicher Thymian-Duft durch die abgedunkelten Räume. Finstere Stille herrschte, die ab und zu durch explosionsartiges Niesen durchbrochen wurde. Auf das erste Niesen kamen meist zwei weitere Nies-Antworten und ein fragendes Husten zurück. Der erste Nieser reagierte darauf mit lautem Räuspern, welches mit einem weiteren Grunzen und leisem Röcheln bestätigt wurde. Ich hatte verstanden: Hier wurden eine Packung Taschentücher, sowie zwei Pfefferminztee, davon einer mit Honig, gewünscht. Sie haben richtig gelesen, wir hatten unsere eigene Nies-und-Husten-Sprache entwickelt, die kein Außenstehender auch nur annähernd verstand. Abgesehen von den Hals- und Gliederschmerzen war dies eine gemütliche Zeit im Kreise der Familie. Viele Abende verbrachten wir gemeinsam in Decken gehüllt im Wohnzimmer und husteten uns die tollsten Geschichten vor. Statt fernzusehen, beobachteten wir lieber unsere Fische, die ebenfalls angesteckt, bei jedem Nieser nach dem Rückstoßprinzip durch das Aquarium sausten. – Eine herrliche Zeit!

Ruhestand

Was Kindern noch unmöglich scheint, ist für Erwachsene heiß ersehnt: der Ruhestand. Nach gefühlten fünfzig bis sechzig Jahren harter Arbeit hat man das Bedürfnis sich endlich mal auszuschlafen, um dann in ausgeruhtem Zustand den Jungen mit seinen Lebensweisheiten und Erfahrungen auf die Nerven zu gehen. Alles hart verdient. Alles berechtigt. Das ist auch so eine Art Generationen-vertrag wie das österreichische Pensionssystem im Allgemeinen.

Aber es hat schon was an sich. Keiner kann abstreiten, dass ältere Arbeitnehmer mehr Erfahrung haben und daher auch mit Situationen fertig werden, die vom uns gelehrten Schema abweichen. So gesehen, sind wir auch glücklich über jene, die sich im „Unruhestand" befinden und auch in der Pension überall helfen, wo sie nur können.

Das funktioniert prächtig als „Oma" oder „Opa". Dabei kann man all seine Erfahrung in die Waagschale werfen und trotzdem verzweifeln. Kinder können nämlich gnadenlos sein. Sie können Löcher in jeden Bauch fragen, bis man sich nicht mehr an die eigentliche Ausgangsfrage erinnert und selbst den eigenen Namen vergessen hat. Sie jagen einen in den Zoo, von dort ins Kino, zur Balletstunde, zum Tennisspielen, danach zum Kindergeburtstag und sind immer noch putzmunter, während man selbst am Zahnfleisch kriechend einen sehnsüchtigen Blick auf das Sofa wirft, das zum Nachmittagsschläfchen einlädt.

Dabei ist für die Enkel gerade mal Halbzeit! Hausaufgaben stehen noch an, Kinderbücher wollen noch vorgelesen werden und beim Memoryspielen müssen die kleinen Angeber unbedingt beweisen, dass sie das bessere Gedächtnis haben!

Ich wollte ursprünglich immer gleich ein Großelternteil werden, nie ein Elternteil. Mein Plan war, dass ich es mit Kindern zu tun hätte, die ich jederzeit wieder an die Eltern abgeben konnte. Gleich vorweg – mein Plan hat nicht funktioniert. Ich bin selbst doch zuerst ein Elternteil geworden und sehe, dass das Abschieben bei den Großeltern auch nicht so einfach funktioniert. Einerseits schätzen meine Kinder die Fürsorge und Zeit, die die Großeltern aufbringen und weichen ihnen nicht von der Seite. Andererseits schätze ich die Ruhe im Arbeitsleben und verlängere diese durch die eine oder andere freiwillige Überstunde…

Still

Verzeihen Sie bitte, aber ich wollte Ihnen ein paar Zeilen Stille näherbringen. Ich hoffe, Sie haben sie genossen! Es ist eigentlich auch ganz in Ordnung, wenn sich einmal nichts tut. Wir Adrenalin-Junkies in unserem schnelllebigen Veränderungswahn sind ja förmlich süchtig nach Reizen, egal welchen. Wenn etwas blinkt, tickt oder säuselt, hat es schon unsere oberflächliche Aufmerksamkeit.

Es ist schön, wenn sich was tut, wenn positive Veränderungen geschehen, doch oft verstehen wir gar nicht mehr was sich tut und ob dies wirklich positiv für uns ist. In der Regel ist es uns egal, solange es unsere Individualität nicht einschränkt. Unter dem Deckmantel der Information hängen wir vor YouTube Kanälen oder Facebook-Seiten mit schriller Werbung und massenweisen Datenbeschuss. Zum Entspannen tauchen wir mit Kopfhörer in Musikwelten ein, dessen Lautstärke auf der eines Düsenjets beim Durchstarten gestellt ist.

Wenn gerade keine Kopfhörer zur Hand sind, kompensieren wir dieses Manko, indem wir nicht nur ein Gerät einschalten, sondern möglichst viele. Denn wenn neben dem Fernseher der Radio, das Tablett und zwei Handys eingeschaltet sind, ist der Lärmpegel wie gewohnt. Zuhören wird ungesund, daher tun wir das nicht mehr. Man kann sich ja wichtige Botschaften per E-Mail, SMS oder Instant-Message-Services schreiben.

Weihnachtsbesorgungen

Dass einkaufen in der Weihnachtszeit eine Herausforderung ist, ist jedem bekannt. Was es aber bedeutet in einer kleinen Stadt vor Weihnachten im einzigen großen Geschäft, das wirklich alles bietet, seine letzten Weihnachtsbesorgungen zu machen, das will ich Ihnen näher schildern.

Zunächst kommt es einmal auf das Timing an: Feiglinge besorgen ihre Weihnachtsgeschenke inklusive dem Weihnachtsessen in der Zeit von Ende August bis Anfang Advent.

Die etwas Mutigeren lassen den 24. Dezember kommen und stellen sich früh morgens den Wecker um die ersten Kunden im Geschäft zu sein, die noch die vollständige Auswahl des Sortiments besitzen. Zudem haben sie freie Parkplatzwahl und genügend Freiraum im Laden.

Die wirklichen Hardcore-Käufer machen es aber anders:

Man steht mit einem leicht zerknitterten Pokerface deutlich nach halb zehn Uhr auf. Glättet sein Gesicht mit 2-3 Tassen Kaffee und einem ordentlichen Frühstück. Kurz vor Mittag bricht man auf, um gleich nach seiner eigenen Ausfahrt im Stau zu stehen. Dies ist die Zeit in der sich der Profi-Käufer noch gänzlich ausschlafen kann, denn er weiß, dass ihn der Stau direkt zu seinem Ziel, dem großen Geschäft, führt.

Leichter Ärger kommt nur dann auf, als er erst bei der 20. Umrundung dieses Ladens eine Parklücke findet. Dies auch nur deshalb, weil die beiden Autofahrer vor ihm aus ihren Wagen gestiegen sind und sich gerade um den Parkplatz prügeln. Hochzufrieden parkt man schief ein, verlässt sein Auto und begibt sich direkt über die prügelnden Auto-fahrer hinweg, in den Laden. Drinnen gilt es nun einen der letzten Einkaufswagen zu schnappen und sich damit durch die Räumlichkeiten zu manövrieren. Obwohl man eigentlich nur 3 Dinge benötigt: Bananen, Seife und Zeitung. Alles unbedingt notwendig für die kommenden Feiertage. Es könnte ja die Seife zuhause verbraucht werden, man könnte plötzlich Lust auf Bananen verspüren und in den Feiertagen hat man endlich mal Zeit die Tageszeitung zu lesen.

Ähnliches denken sich aber auch alle anderen Einwohner der Stadt und der angrenzenden Bezirke, denn sie strömen zahlreich in den Laden.

Plötzlich steht man da mit seinem ergatterten noch leeren Einkaufswagen und kann sich nicht bewegen, da alle Einkaufswagen an Einkaufswagen im Laden stehen. Leider dazu auch noch kreuz und quer. Eine junge Dame mit Kinderwagen steht ebenfalls unter uns. Sie hat das System nicht begriffen und wird kurzerhand aus dem Geschäft gewiesen. Da aber nun zwei Quadratmeter Platz frei geworden sind, können wir restlichen uns bewegen, was auch schlagartig jeder beginnt. Als hätte jemand ein Autodrom-Fahrwerk gestartet, beginnen wir alle gleichzeitig unsere Einkaufswagen vor uns herzuschieben, uns durchzudrängen, Mitstreiter abzudrängen. Wenn man z. B. sieht, dass jemand auf den Käse zusteuert, man selbst auch vor hat Käse zu kaufen, so ist es ratsam, den Käse-Konkurrenten einfach seitlich mit seinem Einkaufswagen zu rammen. Diesen Vorsprung soll man nutzen und sofort jeden Käse, den man nur findet, in den eigenen Einkaufswagen zu schaufeln.

Als ich begreife in welcher Situation ich mich befinde, sacke ich alle möglichen Waren ein, um mit meinem Einkaufswagen eine geschützte Pufferzone zu haben.

Sorgfältig ziehe ich meine Einkaufsliste heraus, auf der „Bananen, Seife und Zeitung" steht und hake mit Kugelschreiber die erstandenen Wunschdinge ab.

Neben mir sieht mir bewundernd eine achtzigjährige Dame zu und meint: „Schön, dass die Jugend das auch benötigt." „Gute Frau, die Jugend hat dies bitter nötig!", antworte ich geschmeichelt. Immerhin vertrete ich mit meinem fortgeschrittenen Alter die Jugend! Allerdings muss ich auch zugeben, dass ich ein sehr schlechtes Gedächtnis habe, was meine Einkäufe betrifft. Aber da ich überzeugt bin, dass sich in meinem Berg von Lebensmitteln und Toilettartikel auch Bananen, Seife und mit etwas Glück auch eine Zeitung befindet, streiche ich alles von meiner

Einkaufsliste. Gemeinsam kämpfe ich mich mit der älteren Dame weiter durch in Richtung Kasse. Dabei lernen wir uns näher kennen und ich bewundere im Stillen meine Weggefährtin. Gänzlich vervollständigen kann die Dame ihren Lebenslauf in der Warteschlange zur Kasse. Die Wartezeit bietet auch noch Platz für die Lebensgeschichte ihrer Kinder und Enkelkinder. Das ist aber kein Fluch, sondern ein Glück, denn es stellt sich heraus, dass es sich um eine äußerst nette Familie mit einer bewegten Familiengeschichte und einem stattlichen Stammbaum handelt. Nebenbei treffe ich Freunde und Kollegen, tausche mit der Dame Adresse, Telefonnummer und Geburtsdatum aus, während ich aus den Augenwinkeln beobachte, wie sich drei Kassen links neben mir zwei Hausfrauen umarmen, ein Ehepaar nach dem Streit, den es zu Beginn der Schlange begonnen hat, nun wieder versöhnt; die Pensionistengruppe, die sich bei der zweiten Kasse anstellt, ihre Bingo-Ausrüstung ausgepackt hat, ein frisch verliebtes Pärchen sich in seinen Einkaufswagen zurückgezogen hat und bei der ersten Kasse eine Frau ein Kind bekommt.

Ich verabschiede mich von der älteren Dame, wünsche ihr und ihrer Familie frohe Weihnachten und verspreche ihr nächstes Jahr um die gleiche Zeit wieder hier einzukaufen. Sie verspricht es mir ebenfalls und so freuen wir uns auf ein Wiedersehen.

Weihnachtsbesorgungen II

Zu den Weihnachtsbesorgungen gehören vor allem auch die Geschenke. Kleine Kinder lassen sich am besten beschenken, da sie noch am wenigsten besitzen und sich auch nicht selbständig die gewünschten Dinge kaufen können. Wenn die Kinder noch sehr klein sind, können sie nicht sagen, was sie sich wünschen, das ist ein weiterer Vorteil. Da kann man mit seinem Geschenk gar nicht danebenliegen, denn immerhin gibt es ja keine vom Kind geäußerte Richtlinie an die man sich halten muss.

Kinder beschenken kann zu den schönsten Tätigkeiten überhaupt gehören. Heutzutage werden allerdings die meisten Kinder so sehr mit Geschenken überhäuft, dass sie einerseits übersättigt sind, andererseits mit steigendem Alter anspruchsvoller werden.

Da kann es schon passieren, dass man ein halbes Monatsgehalt benötigt um ein Volksschulkind zu Weihnachten oder zum Geburtstag zufrieden stellen zu können. Das erklärt auch, warum die Geburtenrate in unserem Land stetig zurückgeht.

Weitere Tugenden unseres Nachwuchses sind das „sich-nicht-entscheiden-können", gefolgt von dem „ich-wechsle-in-letzter-Minute-meine-Meinung".

Da zu Weihnachten ja offiziell nicht die Eltern löhnen müssen, sondern sich der Weihnachtsmann oder das Christkind um die Päckchen schert, sind die Kinder sorglos beim Wünschen. Da rücken sie mit den großen, teuren Wünschen heraus, die sie ihren Eltern niemals antun würden. So kommt es vor, dass sich manches Elterngesicht vor Schmerz verzerrt, liest es den Wunschzettel des eigenen Ablegers. Aber da heißt es Zähne zusammenbeißen, lächeln wie ein Japaner und kämpfen wie ein Stier!

Es werden keine Kosten und Mühen gescheut, um die kleinen Tyrannen zufrieden zu stellen. In der Vorweihnachtszeit drängen sich Väter mit den Autos von den Straßen, lassen den Konkurrenten am Parkplatz die Luft aus den Reifen, Mütter prügeln sich um Barbie-Puppen und stylische Teenie-Kleidung, die den Wert eines Familien-Schiurlaubes hat und dabei doch nur eine Saison in und somit „tragbar" ist. Beim Kindergeburtstag wird vorsichtsalber zum Feuerschlucker doch auch noch die Bauchtänzerin gebucht, damit der Fratz hoffentlich zufrieden ist. Die Kindergartenliga, die eingeladen ist, möge aber das Ereignis im Kino feiern; der große Saal ist reserviert und ein Unterhaltungskünstler gebucht. Was tut man nicht alles für die Kinder. Hauptsache sie sind glücklich. Und lassen einen in Frieden.

Weihnachten

Es gibt kaum ein Fest das global so gefeiert wird wie Weihnachten. Von Norden (logisch) bis Süden, von Osten bis Westen. Selbst in Australien wo am 24. Dezember Sommerhitze herrscht, verkleiden sich Leute als Santa Claus und stellen sich einen geschmückten Nadelbaum in die Wohnung um in den nächsten zwei Wochen jede einzelne Nadel fluchend wieder zu entsorgen. Aber es geht noch verrückter!

Als Kind war Weihnachten das schönste Fest für mich. Zum Einen gab es Geschenke, zum Anderen gab es da meine Familie. Meine Familie ist für die restliche Menschheit, das was der Elchtest für Mercedes bedeutet. Und ich voll mit dabei.

Tapfer haben wir den Advent durchgestanden, mit allen Türchen, Geheimnissen und Gesängen. Dann endlich war es so weit: 24. Dezember! Panik! Stress!! Mit einem angespannten Lächeln erhielt ich die offizielle Erlaubnis als Kind an diesem Tag durchgehend bis Silvester fernzusehen oder wahlweise meiner Großmutter beim Kochen des ganz speziellen Weihnachtsessens für 12 Personen zu helfen. Meine Großmutter gehörte zu den geduldigsten und klügsten Menschen überhaupt, ebenso mein Großvater und so war es bald Tradition, dass ich gemeinsam mit meiner Tante bei meinen Großeltern in der Küche stand und mithalf Borschtsch mit Uschki und Krönchen, Krauttaschen, Kartoffelsalat, Fisch mit Champignons und mehrere bestimmte Nachspeisen für die restliche Meute zu machen. Alles sehr spezielle Sachen und alles wurde frisch zubereitet. Jedes Jahr gab es auch die gleichen Debatten um Rezepte und Mengen. Für die Qualitätsprüfung des Gekochten stellten wir uns abwechselnd zur Verfügung sobald meine Großmutter uns den Rücken zudrehte. Sogar Hund und Katze durften mal Kosten und schauten meine Großmutter mit großen Augen und vollen Backen an, wenn sie sich wieder zu uns wandte.

Rückblickend wundere ich mich, wie es meine Großmutter geschafft hat so viele Töpfe gleichzeitig auf ihrem Herd unterzubringen und uns darin das Weihnachtsessen zu zaubern.

Damit meine Tante und ich nicht schon vor dem Heiligen Abend alles aufgegessen hatten, bekamen wir noch eine zusätzliche Beschäftigung zwischendurch: den Weihnachtsbaum aufstellen.

Was so simpel klingt, kann eine Genossenschaftswohnung zerstören. Tüchtig wie wir waren, haben wir den bereits vorab nadelnden Baum in den 3. Stock gehievt, ebenso den Christbaumständer. Oben angekommen stießen wir auf ein kleines Problem: Wie stecken wir das Bäumchen mit einem Stammdurchmesser von 25 cm in einen Christbaumständer mit einem Durchmesser von 5 cm?

Schon immer haben wir in der Familie Probleme lieber als Herausforderungen gesehen; dieser Herausforderung wollten wir mit einer Axt begegnen. Wir meinten, mit diesem Gerät könnten wir den Baum etwas zuspitzen. Bereits bei der ersten versehentlich in den Parkettboden gehackten Kerbe ließ meine Großmutter das Küchenwerkzeug fallen und fragte, ob wir vom wilden Affen gebissen seien. Nach zwei weiteren Kerben warf sie uns samt Baum, Ständer und Axt aus der Wohnung, damit wir unser Werk draußen vollendeten. Während wir vom 3. Stock eine Nadelspur nach unten zogen, den Baum anspitzten und beim Zurückkommen unseren Weg mit einer neuerlichen Nadelspur überzogen, saugte meine Großmutter Tannenbaumnadeln, Holzspäne und was beim Kochen noch angefallen ist, weg.

In dem neuen Glanze stellten wir den Tannenbaum, den meine Tante und ich in den Ständer gepresst hatten, in eine weihnachtliche Ecke im Kinderzimmer auf. Dieses Zimmer wurde zum Gemeinschaftsraum, wo wir in aller Eile eine kleine Festtafel für 12 Leute aufbauen mussten. Dazu mussten natürlich zuerst die herkömmlichen Möbel raus. Sofa, Ohrensessel, etc. Alle packten mit an: meine Großmutter, mein Großvater, meine Tante, ich, der Hund und die Katze.

Im Gegenzug schleppten wir Tische, die ungefähr die gleiche Höhe hatten und alles was man als Stuhl benutzen konnte in dieses Zimmer hinein. Der Tannenbaum stand in seiner Ecke und hätte sicherlich weiche Knie bekommen, hätten wir ihn nicht fest angebunden. So weit so gut. Nun wurden meine Tante und ich aus dem Kinderzimmer herausgeworfen und das Kinderzimmer für das „Christkind" gesperrt. Selbstverständlich war es meine Großmutter, die den Tannenbaum zum waschechten Christbaum beförderte, inklusive Geschenke und Gehänge. Sogar Likörfläschchen, mit Alkohol und Zucker gefüllte Schokoladefläschchen, lagen unterm Baum.

Eines der Weihnachtswunder ist, dass sich trotz Stress jedes Mal doch noch alles ausgeht. Dann kommt der Moment, wo es bereits finster ist, alle Familienmitglieder fertig versammelt sind, die Klingel läutet und wir ins nun nicht mehr gesperrte Kinderzimmer laufen. Dies erstrahlt plötzlich in vornehm weihnachtlichem Kerzenlicht, der Baum im Mittelpunkt, wir andächtig singend rundherum. Haustiere haben ein besonderes Gespür für Stimmungen; die Weihnachtsstimmung war Hund und Katze irgendwie zu langweilig. Ich weiß nicht mehr genau, wer angefangen hat, ob der Kater sich umdrehte und dem Hund die Zunge zeigte oder ob der Hund den Kater angerempelt hat. Auf alle Fälle jagten sich die beiden auf einmal durchs Zimmer und mitten unter „Oh Tannenbaum" sauste der Kater den Stamm des Christbaumes hoch und setzte sich auf die Christbaumspitze, die daraufhin bedenklich wackelte. Unten bellte ein empörter Hund, was den Kater und somit den Baum noch mehr in Schwingungen versetzte. Mit Entsetzen sahen wir, wie sich die erste Schlaufe des angebundenen Baumes löste, dann die zweite. Jeder stolperte mit ausgebreiteten Armen herum und wollte auffangen was ging als der Baum langsam mit dem Kater obendrauf umkippte.

Zum Glück wurde niemand verletzt. Bis auf den leicht malträtierten Baum und den enttäuschten Hund gab es keine Verluste. Aber unser Hund wusste wie er mit Enttäuschungen umzugehen hatte und fraß kurzerhand die Likörfläschchen, die unter dem Baum gelegen hatten. Mit einer leichten Alkoholfahne torkelte er schwanzwedelnd glücklich auf uns zu als wir gerade alle um die improvisierte Essenstafel versammelt saßen und schmausten. In dem Durcheinander das beim gemeinsamen Essen herrschte, bemerkte zunächst niemand das betrunkene Tier. Schließlich waren wir stark beschäftigt! Die Aufgaben-stellung bei einem Familienessen war gleich doppelt: Einerseits musste man für sich selbst möglichst viel Essen auf den Teller schaufeln, essen, nachschaufeln, usw. Gleichzeitig war man auch beschäftigt, selbst besser dazustehen als jede(r) andere Verwandte! Wie bei einem Kartenspiel wo man gerade versucht einen Stich zu machen flogen die Begriffe „Mein Job!", „Mein Haus!", „Mein Auto!", „Mein Kind!" umher. Bis jemand „Mein Gott!", schrie dabei auf den Hund zeigte, der sich in dem weihnachtlichen Rausch zuerst übergeben und dann schlafen gelegt hatte.

Stille Nacht, heilige Nacht!

Kalorienbombe

Manche behaupten, es ist nicht so entscheidend was und wie viel man zwischen Weihnachten und Silvester isst, sondern vielmehr was und wie viel man zwischen Silvester und Weihnachten isst.

Das Dumme bei mir ist nur, dass ich zwischen Weihnachten und Silvester in Summe in jedem Fall mehr esse als in der ganzen Zeit zwischen Silvester und Weihnachten. Mein schlauer Körper reagiert darauf auch prompt mit Gewichtszunahme. Es ist keine allergische Reaktion und schon gar keine Nahrungsmittelunverträglichkeit, es ist vielmehr der Versuch, alle Nahrungsmittel unter zu bringen, die ich ihm zugeführt habe.

Welch glücklicher Zufall, dass gerade immer zu Jahresbeginn vorsatzunterstützend Fitnessgeräte allerseits angeboten werden und Diäten boomen. Da gibt es z. B. die in 24-Stunden-50-kg-weg-Diät, bei der einem leider niemand im Vorfeld erklärt, dass es sich dabei auch um den in 48-Stunden-100-kg-dazu-Nebeneffekt handelt.

Andere Diäten grenzen den Diätwilligen leider sozial komplett aus, sei es, da man sich nur noch von den unmöglichsten Dingen ernähren darf, die man in unserer westlichen Welt auch nirgendwo auftreiben kann oder sei es, dass man ab einem gewissen Punkt einfach alles seinen Mitmenschen wegessen würde.

Aus „low carb" wird „no carb", dazu reduzieren wir von „low fat" auf „no fat". Bis ich mir schließlich nur noch eine Nahrungsergänzungspille schön auf einem Teller anrichte (die Dekoration nicht mitesse!!) und dazu einen Bio-Protein-Shake mit Schoko-Vanille-Petersilie-Geschmack schlürfe. Wenn Sie das mehrere Wochen durchhalten garantiere ich Ihnen, dass Sie ein gestörtes Verhältnis zu Ihrem Essen bekommen.

Neben der „Pille danach" kann zum Glück auch Sport figurunterstützend wirken. Das Spannende hierbei ist, dass es immer wieder neue Trends und somit neue Möglichkeiten gibt, seine Brieftasche schlanker werden zu lassen. Was anderes verschmälert sich nämlich kaum, wenn Sie sich die angesagten Foltergeräte kaufen. Alle Steinzeitmenschen mussten ziemlich dick gewesen sein, hatten sie doch noch nicht diese Schlankheitshosen oder die Bauch-Weg-Trainer, auf die man hängt wie bei der Prostatauntersuchung. Dafür haben wir den Waschbrettbauch in täglich 15 Minuten Quälerei – ach nein, zum Glück gibt es ein Buch, das behauptet 8 Minuten Bewegung täglich seien genug! Das ist auch mehr als genug, schließlich wird dies unverschämter Weise doch täglich von einem abverlangt! Schnell noch einen Fitnesstracker kaufen, der darauf achtet, dass man auch die vollständigen 8 Minuten leistet und damit die gute Laune darunter nicht leidet, besorgen wir uns alles, was uns die „Glyx-Diät" vorschreibt.

Ab Jänner sieht man auch wieder alle Anhänger von Fitness-Päpsten durch die Parks schlurfen, je nach Konditions-Level mehr oder weniger schnell. Dennoch warten sie alle mit dem gleichen verbissenen Gesichtsausdruck auf das Glücksgefühl, das „Runners High" und sei es, dass dieses verdammte Gefühl auch nur danach kommt, wenn die Schinderei wieder für einen Tag vorbei ist.

Einen Marathon muss man heutzutage mindestens schaffen, damit man mitreden kann. Die Figur sollte so sein, dass Größe XS schlabbert. Ein ordentliches Fitnessstudio kostet monatlich seinen Beitrag, besser wäre noch ein Personal Trainer. Zumindest tragen wir uns unsere Trainingstermine in den Kalender ein und lassen uns vom Handy daran erinnern, dass wir uns bewegen. Das verstehen auch unsere Freunde und die ganze Familie, dass wir uns dafür Zeit nehmen müssen. Schließlich können wir nicht immer nur das tun, was wir wollen, oder? Gibt es noch Leute, die Bewegung einfach nur aus Spaß machen und dabei den Kalorienverbrauch nicht mitzählen? Jemanden, der mit seinen Kindern herumtollt und sich auf diese Weise fit hält? Leute die ein ganzes Ei verkochen und nicht den Dotter wegschmeißen, da dieser das gefährliche Cholesterin enthält? Menschen, die nicht ständig über die Stränge schlagen, sich nicht beklagen und dafür auf ihren Körper hören? Wir würden uns und der ganzen Welt was Gutes tun, wenn wir aufhören Essen und Geld zu verschwenden, aber unserer Wirtschaft würde es nicht gefallen, wenn diese „Kalorienbombe" platzt.

Traumland Morgenland

Morgen habe ich viel zu tun. Morgen fange ich mit dem Rauchen und Trinken an, esse nur mehr Fleisch mit Süßigkeiten und Knabbereien als Beilage, vergesse die Kinder in der Schule und überlasse den Haustieren den Kühlschrank. Morgen. Da müssten dann Alkohol, Zigaretten, Süßigkeiten, Knabbereien und Fleisch sehr billig sein, da ja alle anderen mit deren Konsum praktisch täglich aufhören.

Damit sich das zeitlich alles unterbringen lässt, höre ich mit dem Sport auf und werde kündigen. Ich bin ab morgen auch nicht mehr nett und geduldig, sondern schnauze jeden sofort an, je grundloser, desto besser.

Diese Wende in meinem Leben müsste mich nach meinen Berechnungen glücklicher machen. In Saus und Braus lebend werde ich meine Beihilfen verprassen und mitleidig auf die arbeitenden Menschen blicken während ich Champagner schlürfe und Kaviar zu mir nehme. Die Winter verbringe ich auf Mauritius, den Rest vom Jahr bin ich auf Weltreise. Zum Skifahren komme ich sporadisch nach Ischgl. Sollte in Vorarlberg ausgerechnet dann kein Schnee sein, werde ich um welchen beim Staat Österreich ansuchen. Mit Nachdruck schreiend am dafür vorgesehenen Formular. Dann kommt der Schnee schon. In Österreich darf man nicht zu freundlich sein. Freundlichkeit muss wohl überlegt sein, ob sie einem nämlich überhaupt nützt.

In Österreich steht man mit Freundlichkeit ganz weit hinten an. Aus lauter Nettigkeit lässt man ja alle anderen vor! Ein Sprichwort sagt: „Der Klügere gibt so lange nach, bis er der Dumme ist." Recht hat es. Das Sprichwort hat wohl auch einmal zu oft nachgegeben und weiß wovon es redet.

Ich freue mich schon auf morgen! Aber zuerst muss ich noch die Kinder abholen, die Katzen füttern und mit dem Hund spazieren gehen. Heute habe ich für mein neues Leben noch keine Zeit.